Uwe Petersen # Die Illusionen der Politik

Die Bedeutung Donald Trumps zu deren Überwindung
und die Aufgaben der
europäischen Außen- und Wirtschaftspolitik

Autor:
Uwe Petersen

Umschlagsgestaltung:
Reinhard Büttner Design & Konzeption

Erscheinungsjahr 2018

ISBN 978-3-7469-8055-3 (Paperback)
ISBN 978-3-7469-8056-0 (Hardcover)
ISBN 978-3-7469-8057-7 (e-Book)

Verlag & Druck: tredition GmbH, Hamburg

Bibliografische Information der Deutschen Nationalbibliothek:

Die Deutsche Nationalbibliothek verzeichnet diese Publikation in der Deutschen
Nationalbibliografie; detaillierte bibliografische Daten sind im Internet über
http://dnb.d-nb.de abrufbar.

Inhalt

A. Die Illusionen der Politik, ihre Folgen und der Beitrag Donald Trumps zu deren Überwindung

Maßgebende unser wirtschaftliches und gesellschaftliches Handeln bestimmenden Prinzipien erweisen sich immer mehr als Illusionen, deren Befolgung die Wirtschaft und Gesellschaft und die internationalen Beziehungen zerstören. Sie werden zunehmend als Lügen empfunden. Damit wird ein Nährboden geschaffen für politische Kobolde und Rattenfänger.

Die Trumps können die etablierten wirtschaftlichen und gesellschaftlichen Strukturen aber nicht nur zerstören. Sie können durch ihr Handeln auch einen Beitrag leisten, die politischen Illusionen zu überwinden und festgefahrene gesellschaftliche Strukturen zu lösen.

I. Die Illusion einer bleibenden Wertegemeinschaft Europas mit den USA und des Verlasses darauf, dass die Sicherheit Europas durch die USA im Rahmen der NATO aufrechterhalten werden kann.

Die geistige, gesellschaftliche und wirtschaftliche Entwicklung der Welt ging in den letzten 600 Jahren von Europa aus. Europäismus nenne ich die Synthese von Christentum und Antike bis in ihre säkularen Ausformungen. Moderne Wissenschaft und Technik, aber auch Liberalismus und Marxismus und kapitalistische Marktwirtschaft fußen auf dem Europäismus.

Leitbild des Europäismus ist letztlich das freie, sich selbst verwirklichende Individuum – religiös als Gegenbild Gottes – und seine Rückbezogenheit auf die Welt und Gemeinschaft. Je nachdem, ob religiöse oder säkulare Intentionen überwiegen oder die Entwicklung des individuellen Selbst oder der Liebesgemeinschaft akzentuiert werden, zeigt sich der Europäismus in verschiedenen Ausgestaltungen. Dabei neigt der Westen dazu, die individuelle Freiheit zu überhöhen, der Osten die Solidarität und Verbundenheit der Menschen.

Zum Zentrum des West-Europäismus entwickelten sich die USA und zum Zentrum des Ost-Europäismus Russland. Mitteleuropa, hat immer versucht, diese beiden Ideale miteinander zu synthetisieren. Im Kalten Krieg obsiegte der West-Europäismus. Westeuropa und nach dem Zusammenbruch des Ostblocks auch Ostdeutschland und die angrenzenden osteuropäischen Länder fühlten sich mit den USA in einer Wertegemeinschaft verbunden, die für die Selbstbestimmung der Menschen, Demokratie und kapitalistische Marktwirtschaft eintrat. Ihr militärisches Fundament hatte diese Wertegemeinschaft in der NATO, dem Nordatlantik-Pakt. Führungsmacht Westeuropas und der NATO waren die USA.[1]

---

[1] ausführlicher in: Uwe Petersen: *Segen und Opfer der Globalisierung. Wirtschaftliche und gesellschaftliche Entwicklung, relative Verarmung, Arbeitslosigkeit, Wirtschaftskrisen, Links- und Rechtsradikalismus, Religionskriege Flüchtlingsströme und die Verantwortung Europas*, ISBN 978-3-7439-5344-4, S. 37 ff., 90ff.

Die Wertegemeinschaft zwischen Europa und den USA droht, aus folgenden Gründen zu zerbrechen:
1. das Infragestellen der Werte,
2. unterschiedliche politische und wirtschaftliche Interessen in einer sich wandelnden Welt.

1. Das Infragestellen der westlichen Werte durch Donald Trump

Dem westlichen Europäismus verdanken wir zwar den wirtschaftlichen und gesellschaftlichen Fortschritt. Er ist aber auch verantwortlich für:

- das Auseinanderbrechen der Gesellschaft aufgrund zunehmender ungleicher Vermögens- und Einkommensverteilung und die daraus erwachsenen Probleme der sozialen Verarmung der unteren Gesellschaftsschichten,
- steigende Krisengefahr der Weltwirtschaft,
- den Islamismus und Terrorismus als Antwort auf die Globalisierung des Europäismus,
- die Umweltverschmutzung und die Klimaprobleme und
- die Flüchtlingsströme.

Da das politische und wirtschaftliche Establishment die bestehenden Verhältnisse aber mit den westeuropäischen Werten begründet und sie aufgrund der gegebenen Wirtschafts- und Machtverhältnisse als alternativlos proklamiert, werden sie von der unteren Bevölkerung als lügenhaft wahrgenommen.

Als Folge davon haben in nahezu allen Ländern Radikale Zulauf, die eine *alternative* Politik versprechen. In den USA wurde mit Donald Trump ein Präsident gewählt, der etablierte Wertprinzipien des wirtschaftlichen Handels, internationale Verträge und Verhaltensweisen infragestellt und damit die USA als Garant für die westliche Gesellschafts- und Wirtschaftsordnung aufhebt.

2. Unterschiedliche politische und wirtschaftliche Interessen in einer sich wandelnden Welt

Trotz aller „Wertegemeinschaft" hat es zwischen Europa und den USA immer auch unterschiedliche wirtschaftliche und politische Interessen gegeben und haben sich die USA nicht gescheut, ihre weltpolitische Übermacht auch wirtschaftlich einzusetzen. An einer hemmungslosen Ausnutzung ihrer Machtposition wurden sie jedoch durch die gemeinsamen Werte und Prinzipien gehemmt. Zudem fühlten sich die USA für die Welt verantwortlich und erstrebten, auch zurückgebliebene Länder und solche, die nicht demokratisch regiert und den Menschenrechten verpflichtet waren, die westliche Lebensweise nahe zu bringen.

Je mehr aber die USA selbst unter Handelsbilanzdefiziten, Deindustrialisierung, relativer Verarmung der weniger Qualifizierten und einströmenden Wirtschafts- flüchtlingen zu leiden haben, umso mehr steigt das Bedürfnis,

- administrativ in die Außenwirtschaftsbeziehungen einzugreifen, Autarkie anzustreben oder Wirtschaftsbeziehungen durch bilaterale Deals zu regeln,
- sich außenpolitisch aus der Welt zurückzuziehen, sich auf die USA selbst zu begrenzen und im Sinne von Trumps Devise „America first" eine rein natio- nalistische zu betreiben,
- brutal auch wirtschaftliche Macht einzusetzen in Form von Sanktionen, und zwar auch mit Erpressung anderer Staaten oder deren Unternehmen, US- Interessen und -Sanktionen zu befolgen, weil sie andererseits nicht auf dem amerikanischen Markt tätig werden dürfen.

Aus diesem Bedürfnis tendiert Donald Trump verstärkt dazu, in den internationa- len Handel einzugreifen, wenn er die USA benachteiligt sieht, die USA aus allen internationalen Konflikten herauszuziehen und die Konflikte den Betroffenen selbst überlassen. Allenfalls setzt Trump die Wirtschaftsmacht der USA ein und will sei- nen Willen international durch die Androhung und Durchführung von Sanktionen erzwingen. Nur wenn Konflikte auch die Sicherheit der USA infrage stellen können, droht Trump an, radikal militärisch einzugreifen.

Da er als Immobilienhändler in Deals und Gewinn und Verlust rechnet, macht er seine Entscheidungen gern daran fest, was die USA bisher für bestimmte Länder ausgegeben haben oder noch ausgeben und wie weit sie dafür etwas zurückbekom- men. So fragt er mit einem gewissen Recht, was Amerika zum NATO-Haushalt beiträgt und wie weit die anderen Länder davon die Kosten tragen, und stellt schon einmal die Möglichkeit in den Raum, sich aus der NATO und anderen internationa- len Vereinbarungen zurückzuziehen. Darüber hinaus ist Donald Trump sprunghaft und relativ beratungsresistent und macht Twittern und Lügen zu seinem Erken- nungszeichen. So bringt er die ganze bisherige Weltordnung ins Wanken.

Er kann damit aber auch festgefahrene Situationen und Machtverhältnisse auflö- sen und eine wirtschaftliche und gesellschaftliche Weiterentwicklung ermöglichen. Für die anderen Staaten wird er aber dadurch unberechenbar und zwingt sie, darauf entsprechend zu reagieren und die Wertegemeinschaft mit den USA immer mehr aufzukündigen.

II. Die Illusion, dass die Einführung einer parlamentarischen Demokratie überall eine harmonische Entwicklung eines Volkes garantiert, und der mögliche Beitrag Donald Trumps zu deren Überwindung

Eine wesentliche Triebfeder für die westliche Globalisierung war die Missionierung der übrigen Welt zur westlichen individualistischen Lebenseinstellung, zu einer parlamentarischen demokratischen Staatsform, zu einem am Humanismus orientier- ten Rechtssystem und einer freien kapitalistischen Marktwirtschaft.

Die Bedingtheit der Überzeugung, dass eine parlamentarische Demokratie eine friedliche und sich entwickelnde Gesellschaft garantiert, zeigt sehr anschaulich die Geschichte des sogenannten *Arabischen Frühlings*. Als einziges Beispiel einer gewissen Bestätigung dieser These kann allenfalls die Entwicklung in Tunesien gelten, wo der *Arabische Frühling* begonnen hat. In allen anderen Ländern ist der Versuch schmerzlich gescheitert.

In Libyen brachen in Kombination mit islamistischen Tendenzen alte Stammesbezüge wieder auf. In Ägypten nutzten radikale Islamisten die freien Wahlen, ein islamistisches Regime zu errichten und in Syrien drohten ebenfalls Islamisten, die Macht an sich zu reißen.

In Ägypten konnte diese Entwicklung quasi nur durch einen Militärputsch verhindert werden mit der Folge, dass Ägypten heute eine noch radikalere Militärdiktatur ist, als zu Mubaraks Zeiten oder allenfalls eine von den Militärs gelenkte Demokratie mit radikaler Unterdrückung aller islamistischen Tendenzen.

In Syrien und dem Irak haben sich relativ säkulare Gesellschaftsstrukturen nur in den von Kurden und ihren Verbündeten beherrschten Gebieten etablieren können, Gebiete, die allerdings vom Assad Regime mithilfe Irans und Russlands auch wieder zurückerobert werden sollen. Ansonsten ist eine relativ säkulare Staatsform die von Baschar al Assad selbst. Sie wird gesellschaftlich aber nur von den Alawiten, Christen und anderen nicht-sunnitischen Sekten, allerdings bis zu ein gewissen Grade auch von der sunnitischen Intelligenz und sunnitischen Unternehmern getragen. Die Mehrheit der Sunniten lehnt das Assad-Regime ab. Aber soweit die von Aufstandsbewegungen gegen die Militärdiktatur von Assad „befreiten" Gebiete nicht wieder vom Assad Regime mit russischer und iranischer Hilfe zurückerobert sind, werden sie überwiegend von Islamisten beherrscht.

In den westlichen Ländern wurde lange geglaubt oder durch Medien glauben gemacht, dass es sich bei den Aufständischen um an westlichen Werten Orientierte handelt, bis immer mehr deutlich wurde, dass die treibenden Kräfte unter ihnen Islamisten waren, die sich nur unwesentlich von den IS Kämpfern unterscheiden.

Beklagt wurden die riesigen Verluste an Menschenleben und Zerstörungen bei der von Assad ausgehenden Rückeroberung von Aleppo und anderen Gebieten. Weniger beachtet wurde, dass dafür auch der fanatische Widerstand, der auch vor menschlichen Schutzschilden nicht zurückschreckte, primär der Islamisten, schuld war. Aber wem in der Welt, abgesehen von den Islamisten selbst, wäre eigentlich damit gedient, wenn diese Islamisten die Macht ergriffen hätten?

Die westlichen Länder müssen lernen, dass auch die gesellschaftlichen Systeme von den Menschen selbst gemacht werden oder doch von ihnen getragen werden müssen. Ein Beispiel, dass auch ein irrlichternder Präsident nicht alles machen kann, wenn die demokratische Gesinnung in den Institutionen des Volkes verankert ist, sind die USA selbst. Liegt diese Verankerung jedoch nicht vor, dann entstehen archaische Gesellschaftssysteme oder Militär- oder Parteidiktaturen, wobei letztere im Zweifel das kleinere Übel sind, weil sie zumindest Ruhe und Ordnung und damit die Voraussetzung für eine mögliche wirtschaftliche Prosperität schaffen. Das bemerkenswerteste Beispiel dafür ist die VR China.

So unerträglich auch für die von westlichen Werten geprägten Demokraten die Herrschaft Assads in Syrien ist, so darf bei allen seinen Verbrechen nicht vergessen werden, dass seine Gegner in ihrem Machtbereich genauso gehandelt haben und, wenn sie die Macht in ganz Syrien errungen haben würden, mit gleicher Brutalität gegen die Gruppen vorgehen würden, die vorher Assad gestützt haben.

Was für Syrien gesagt wird, gilt analog für alle Länder. Freiheitshelden gegen Unterdrückung und Korruption, wie Mugabe in Simbabwe oder Enrique Santos in Nicaragua, wandelten sich schnell selbst zu korrupten Unterdrückern, nachdem sie die Macht erlangt hatten.

Die bisher Unterdrückten neigen sogar dazu, noch schlimmer zu unterdrücken, wenn sie stärker prinzipiengesteuert sind, als die etablierten Regime, auch weil sie etablierte Strukturen zerschlagen müssen. Man betrachte die Jakobinerherrschaft nach der *Französischen Revolution* und die Vorgehensweise der Bolschewiken nach der *Russischen Oktoberrevolution*.

Die Versuche des Westens, und insbesondere der USA, nicht-europäischen Ländern zu einer westlichen demokratischen Staatsordnung und Lebenseinstellung zu verhelfen, sind schon in Afghanistan, dem Irak und Libyen gescheitert und wären es voraussichtlich auch in Syrien. Vladimir Putin muss bei allen Vorbehalten zugestanden werden, dass er die Russische Föderation und die Beziehungen zu den meisten der ehemaligen Mitglieder der Sowjetunion stabilisiert und gesellschaftliches Chaos und wirtschaftliche Not, wenn auch zum Teil mit fragwürdigen Methoden, verhindert hat.

Das russische Reich ist wohl auch kaum anders zu regieren. Das zeigt sich schon daran, dass die anderen Nachfolgestaaten der UdSSR auch autokratisch regiert werden, und so ist es auch in den sozialistischen ostasiatischen Ländern. Sicherlich ist auch für Syrien eine Militärherrschaft notwendig. Deswegen hat Putin wohl recht, dass unter den gegebenen Umständen allenfalls durch eine Stabilisierung des Assad-Regimes Syrien befriedet werden kann.

Eine Demokratie kann nur funktionieren, wenn die Wähler sich von vernünftigen Überlegungen und dem Gemeinwohl leiten lassen und dabei berechtigte Interessen von Minderheiten berücksichtigen. Handeln sie nur aus Emotionen, Egoismen oder Stammesbeziehungen, dann kann, schon allein, um eine Region zu befrieden, eine Diktatur notwendig sein. Eine Demokratie, die den angegebenen Kriterien nicht entspricht, schafft im Übrigen sowieso schnell chaotische Verhältnisse und den Ruf nach einem „starken Führer".

Angewandt auf den „Arabischen Frühling" war es ein Fehler der westlichen Seite, beizutragen an der Destabilisierung der Regime in Libyen und Syrien. Auch im Irak hätte nach der Ausschaltung Saddam Husseins die bisherige regierende Baath-Partei nicht zerschlagen, sondern in die Neuordnung einbezogen werden müssen. Am verheerendsten war die US-Politik in Afghanistan, als sie den Islamismus gegen die Sowjetunion förderte und dadurch Afghanistan erst recht ins Chaos führte.

In Syrien hat die westliche Unterstützung von Rebellengruppen, die letztlich von Islamisten bestimmt waren, die Zerstörung und die Zahl der Toten wesentlich erhöht. Jede Behinderung der Rückeroberung von von islamistischen Gruppen gehaltenen Rebellengebieten, heißen sie nun IS, El Kaida, al-Nusra-Front oder wie immer, verlängert das Leiden des syrischen Volkes und setzt Flüchtlinge in Bewegung. Die einzige Ausnahme war die Unterstützung der Kurden, die ein relativ säkulares Gesellschaftssystem etablierten, allerdings dadurch die Türken provozierten. Dennoch wird es nicht zu einem Frieden kommen, wenn die Türken und Kurden sich nicht auf einen *modus vivendi* einigen.

1. Die ungelöste Korea-Frage und der mögliche Beitrag Donald Trumps zu deren Lösung

Seit dem Koreakrieg vor fast 70 Jahren gibt es zwischen Nord- und Südkorea keinen Friedensvertrag und ist das Verhältnis Nordkoreas zu den USA und den meisten Ländern der Welt ungelöst. Der Waffenstillstand mit Nordkorea, der immer wieder zu kleineren Konflikten führt, wurde von den USA auch im Namen der übrigen auf Seiten der Amerikaner am Krieg beteiligten 15 Länder unterzeichnet. Damit haben die USA eine zentrale Bedeutung für die Entspannung der internationalen Beziehungen zu Nordkorea.

Mit Verweis auf Bloomberg wird berichtet, dass es in Pjöngjang nur 24 ausländische Botschaften gibt (darunter auch Deutschland und das Vereinigte Königreich), wobei die schwedische Vertretung der inoffizielle Sitz der USA, Kanadas und Australiens ist. >>Die anderen Botschaften übernehmen hauptsächlich humanitäre Aufgaben. Umgekehrt unterhält Nordkorea in 47 Ländern eine Botschaft, beispielsweise in Spanien, Italien und vielen afrikanischen Ländern. <<[2]

Nach den Prinzipien, dass ein amerikanischer Präsident mit einem „Schurkenstaat" sich nicht trifft, bzw. erst durch Untergebene gleichsam das Terrain für ein Treffen zwischen den Staatsoberhäuptern geschaffen werden muss und dies nicht gelang, wurde das Streben Nordkoreas zur Atommacht und seine Entwicklung von Interkontinentalraketen für Amerika und die Nachbarstaaten, wie es Barack Obama formulierte, *zum schwierigsten zu lösenden Problem*. Die USA und die umliegenden Staaten sehen in der Aufrüstung Nordkoreas eine Gefährdung des Weltfriedens. Die Kim Dynastie und ihre Anhänger wollen sich dadurch wahrscheinlich nur schützen vor einem gewaltsamen Sturz mit Unterstützung des Auslandes. Der Irak und Libyen sind dafür warnende Vorbilder.

Was macht Donald Trump? Er startet eine wüste Hetzkampagne, bedroht Nordkorea mit der Auslöschung und verstärkt die wirtschaftlichen Sanktionen. Zugleich erpresst er Unternehmer anderer Länder, die in USA auch Geschäfte machen, sich diesem Boykott anzuschließen, und motiviert die Nachbarländer Nordkoreas, China und Russland, ebenfalls wirtschaftlichen Druck auf Nordkorea auszuüben. Dann trifft er sich mit dem Präsidenten von Nordkorea Kim Jong-un und vereinbart mit ihm, dass die koreanische Halbinsel atomwaffenfrei werden, ein Friedensvertrag abgeschlossen und die Sanktionen aufgehoben werden. Als Vorleistung stoppt er gemeinsame militärische Manöver mit Südkorea und Anrainerstaaten. Damit ist das

---

[2] https://www.businessinsider.de/diese-staaten-arbeiten-mit-nordkorea-zusammen-und-koennten-fuer-trump-zum-problem-werden-2017-5

Verhältnis zu Nordkorea entspannter und Nordkorea quasi als vollwertiger Staat anerkannt.

Obwohl Donald Trump diesen „Deal" wie üblich als einen großen Erfolg feiert und eine atomare Abrüstung Nordkoreas proklamiert, wird sich die militärische Position Nordkoreas kaum ändern. Nordkorea wird die gewonnene Militärmacht nicht wieder aufgeben und diese Position auch durchhalten können, weil die Vereinbarung auch enthält, dass die USA ihre militärischen Truppen aus Südkorea zurückziehen und Atomwaffen dort abbauen müssen, was schon deswegen nicht geschehen wird, weil das gegenseitige Misstrauen nach wie vor groß ist.

Dennoch kann von einer Entspannung des Verhältnisses zu Nordkorea gesprochen werden. Selbst wenn die USA die Sanktionen noch aufrechterhalten, werden Russland und China und mehr und mehr andere Staaten diese Entspannung zum Anlass nehmen, die wirtschaftlichen Beziehungen mit Nordkorea nach und nach zu intensivieren. Durch die erlangte militärische Stärke wird Nordkorea die gewonnene technologische Kompetenz nutzen, die Privatwirtschaft zu entwickeln und so langsam zu einer vollwertigen Industriemacht und nach Beitritt zum Non-Profilerationsvertrag, der die Weitergabe von Atomwaffen-Know-how verbietet, zur anerkannten Atommacht aufsteigen. Je besser es wirtschaftlich Nordkorea gehen wird, umso saturierter wird es, so dass der Wunsch, den Wohlstand zu erhalten, Nordkorea immer mehr von internationalen Abenteuern abhalten wird.

Je mehr sich aber die USA aus dem Pazifikraum zurückziehen, steigt das Bedürfnis der pazifischen Staaten, die sich bisher sicher unter dem Atomschirm der USA wähnten, ihre eigenen Verteidigungsanstrengungen zu erhöhen und ebenfalls Atommacht werden zu wollen. Letzteres ist mindestens anzunehmen von Japan.

Südkorea wird seine Position ausbalancieren zwischen Nordkorea, Japan und China. Insgesamt entsteht so eine multipolare Situation in Ostasien. Zwar erfährt China zunächst einen Machtzuwachs in der Region, der aber möglicherweise, wenn China seine Macht missbrauchen sollte, zu kompensierenden Gegenkonstellationen führt. So wie das kommunistische Vietnam heute nicht unbedingt als ein Freund Chinas anzusehen ist, sondern sich auch auf die USA, seinem ehemaligen Feind, abzustützen sucht, so könnte ein saturiertes Nordkorea ebenfalls für intensivere Beziehungen mit den USA und Japan offener werden. Donald Trump könnte somit durch sein Treffen mit dem nordkoreanischen Machthaber Kim Jong-un zu einer Befriedung des ostasiatischen Raumes den Anstoß gegeben haben.

2. Der Nah- und Mittelostkonflikt und der mögliche Beitrag Donald Trumps zu deren Lösung

Der Nahe und Mittlere Osten ist ein nahezu unauflösbarer Knäuel diverser Interessen und Teilkonflikte. Fundamentale Glaubensunterschiede im Islam, insbesondere zwischen Sunniten und Schiiten, die nicht wie im Christentum *nicht von dieser Welt* sind, sondern einen Gottesstaat anstreben, werden überlagert von den nationalistischen türkischen Träumen von einem Wiederbelebung des *Osmanischen Reiches* und vom Widerstand gegen westliche Säkularisierung und gegen den Zionismus Israels.

Seit der Teilung Palästinas schwelt der Palästina-Konflikt. Tausende von Palästinensern haben das Gebiet Israels verlassen und leben in Flüchtlingslagern im Libanon, in Jordanien und im Gazastreifen. Aufgrund natürlichen Bevölkerungswachstums, hat sich in der Zwischenzeit die Zahl der Flüchtlinge von ca. 700.000 auf 5.000.000 erhöht, die davon träumen, wieder in Israel einwandern zu können, eine völlig illusionäre Erwartung, aber ein schwelendes Konfliktpotenzial.

Israel dehnt sich immer weiter mit Siedlungen in das Palästinensergebiet aus. Die Palästinenser kultivieren ihr Verfolgungstrauma bzw. terrorisieren sich im Gazastreifen, unterstützt vom Iran. Die Welt protestiert und appelliert an die Konfliktparteien, sich auf eine Zweistaatenlösung zu einigen. Ohne Erfolg.

Die Flüchtlinge und deren Nachkommen werden seit dieser Zeit international mit Milliarden und Abermilliarden wirtschaftlich unterstützt. Damit werden diese ungesunden Verhältnisse chronifiziert. Wären die Flüchtlinge nicht unterstützt worden, wäre die Not möglicherweise so groß geworden, dass tragbarere Lösungen hätten erzwungen werden können, und zwar für die Palästinenser günstigere, als es heute möglich ist, nachdem der Siedlungsbau Israels ständig ausgedehnt worden ist. Wie lange soll das noch gehen?

Was macht Donald Trump? Er anerkennt die verfahrene Situation und erhöht den Druck der Beteiligten, eine Lösung zu finden, durch Verlagerung der US-Botschaft von Tel Aviv nach Jerusalem und die Kürzung der Hilfsgelder für die Palästinenser. Würden alle übrigen Länder sich den USA anschließen und zugleich Druck auf Israel ausüben, beispielsweise dass die USA damit drohen, auch ihre finanzielle Unterstützung Israels einzufrieren, dann könnten möglicherweise Verhandlungen zur Lösung des Konfliktes erzwungen werden.

Dadurch dass Oberst Gaddafi in Libyen und Saddam Hussein im Irak gestürzt wurden, wurden die inneren Spannungen in diesen Ländern zusätzlich virulent und stürzten die Länder ins Chaos. Der *Arabische Frühling*, von dem die westliche Welt eine Demokratisierung und die Islamisten eine Islamisierung der säkularen Militärdiktaturen im Nahen Osten erhofften, endete in Ägypten mit einer Restaurierung der Militärdiktatur und führte in Libyen und Syrien zum politischen, wirtschaftlichen und militärischen Chaos.

In Syrien und dem Irak beschränken sich die USA auf die Unterstützung der relativ säkularen Kurden und die Bekämpfung des IS. Zugleich neigt Trump dazu, die Position Russlands zu übernehmen, dass das Assad Regime, so grausam es gegen Feinde vorgeht, das kleinere Übel ist gegenüber den verschiedenen islamistischen Gruppen und somit das international anerkannte Syrien wieder restauriert werden sollte.

Eine besondere Gefahr für den Frieden im Nahen Osten wird in der Entwicklung des Iran gesehen. In langjährigen Verhandlungen ist es geglückt, den Iran von der Entwicklung einer Atombombe abzuhalten. Dennoch ist davon auszugehen, dass der Iran diese Absicht nicht aufgegeben hat und spätestens nach dem Ende dieses Vertrages 2024 damit fortfährt.

Ein wesentlicher Bestandteil moderner Militärmacht ist der Besitz von leistungsfähigen Raketen, und zwar nicht nur militärisch, sondern auch in Bezug auf Weltraumprojekte. Durch die intensive Weiterentwicklung seiner Raketen wird der Iran natürlich weiterhin als den Frieden gefährdend gefürchtet. Zudem dehnt der Iran seinen militärischen Einfluss auf Syrien, die Hisbollah im Libanon bis hin zum Jemen aus, wovon sich insbesondere Israel und Saudi-Arabien bedroht fühlen.

Was macht Trump? Er zieht die USA aus dem Atomvertrag mit dem Iran heraus, setzt die bisherigen Sanktionen wieder in Kraft und verschärft diese sogar noch. Zugleich setzt er den wirtschaftlichen riesigen amerikanischen Markt insofern als Waffe ein, als er andere Länder und Unternehmen erpresst, ihrerseits die Wirtschaftskontakte mit dem Iran abzubrechen, und so den Iran in eine Situation von höchster wirtschaftlicher Not zu bringen. Diese Not soll die Unzufriedenheit der Bevölkerung vergrößern und sie veranlassen, sich gegen ihre Regierung und ihr System zu erheben.

Nachdem Donald Trump mit den angedrohten und umgesetzten Sanktionen hoch genug gepokert hat, bietet er dem Präsidenten des Iran Verhandlungen ohne Vorbedingungen an und hofft, durch einen „Deal" das Iran-Problem zu lösen.

Ein weiterer Gefahrenherd ist die Türkei:
- die ungelöste Kurdenfrage,
- die von Präsident Erdogan befeuerten Träume von einer Wiederbelebung des Osmanischen Reiches und
- die diktatorischen Maßnahmen Präsident Erdogans gegen Opposition und vermeintliche Feinde der Türkei, denen auch ausländische Bürger zum Opfer fallen.

Erdogan hat sich durch seine Politik in vielfältiger Weise ausländische Staaten zum Gegner gemacht und ist zusätzlich wirtschaftlich geschwächt durch die hohe Verschuldung der Türkei gegenüber dem Ausland zur Finanzierung seines wirtschaftlichen Wachstums.

Da sich Donald Trump über Erdogan geärgert hat, weil er einen amerikanischen Prediger festgesetzt und Austauschvereinbarungen nicht befolgt hat, setzt er vielfältige wirtschaftliche Sanktionen gegen die Türkei in Kraft, wodurch die Türkei zusätzlich geschwächt und in eine noch kritischere wirtschaftliche Lage gebracht wird.

Der massive Einsatz von Wirtschaftssanktionen als Mittel der Außenpolitik ohne Billigung des UN-Sicherheitsrates schafft zwar eine neue außenpolitische Situation und Unsicherheit der außenpolitischen Beziehungen. Dennoch könnte Donald Trump durch seine Maßnahmen erreichen, dass die wirtschaftliche Not im Iran und in der Türkei so groß werden und auch Russland stark darunter leidet, dass der Nahostkonflikt leichter gelöst werden kann. So würde die unkonventionelle Art, wie Donald Trumps Politik macht, dennoch den Weltfrieden fördern können.

Andererseits zwingt diese Politik aber die übrigen Staaten, von den USA immer unabhängiger zu werden, indem sie sich weitgehend selbst autark machen und sich stärker aneinander anlehnen. Europa, Russland, China und Indien könnten stärker aufeinander zugehen. Die übrigen Länder, die sich auch nicht mehr auf die USA verlassen können, würden sich auf diesen neuen Wirtschaftsblock orientieren. Das chinesische Projekt Wiederbelebung der Seidenstraße könnte einen zusätzlichen Impuls erhalten.

Voraussetzung dafür wäre, dass Europa seine Vorbehalte gegen Russland zurückstellt und auf einen Kompromiss in der Ukraine-Frage drängt. Dadurch würden längerfristig die Möglichkeit der USA, die übrige Welt zu erpressen, schwinden.

Auch das Zusammenrücken der eurasischen Länder und der Wegfall der Erpressungsmöglichkeiten könnten – letztlich wiederum dank Trump – den Weltfrieden fördern.

III. Die Illusion, dass Russland die Krim an die Ukraine zurückgibt und die Sanktionen gegen Russland aufrechterhalten werden können, und der mögliche Beitrag Donald Trumps zu ihrer Überwindung

Jeder, der die politischen Gegebenheiten realistisch einschätzt, weiß, dass die Krim, die je nach Interpretation sich Russland angeschlossen hat oder von Russland annektiert wurde, nicht wieder an die Ukraine zurückgegeben wird. Trotzdem geht die Russland-Politik der westlichen Länder von der Illusion aus, dass Russland durch Sanktionen dazu gebracht werden kann. Die dazu abgegebenen Stellungnahmen der westlichen Länder suggerieren, dass Russland in aggressiver Staat ist, der sich nach dem Westen ausdehnen und ehemalige Sowjetrepubliken wieder in sein Reich einverleiben will und somit als Nächstes die baltischen Staaten, aber auch Polen gefährdet seien.

Um die russische Politik besser zu verstehen, sollen aus der europäischen Geschichte heraus die eigentlichen Motive Russlands verständlich gemacht werden, woraus zugleich noch deutlicher wird, dass Russland aus seinem eigenen Selbstverständnis die Krim nie wieder herausgeben kann.

Russland und Ukraine haben als einen gemeinsamen Ursprung die Kiewer Rus. Wikipedia schreibt: >>Die Kiewer Rus (…[3]) war ein mittelalterliches Großreich, das als Vorläuferstaat der heutigen Staaten Russland, Ukraine und Weißrussland angesehen wird. Der Ausdruck kann auch als Bezeichnung der Epoche in der Geschichte der Rus verstanden werden, in der Kiew als Großfürstensitz das politische und kulturelle Zentrum der Rurikiden-Dynastie war. <<[4]

>>Die modernere russische und weißrussische Wissenschaft tendiert dazu, den Sammelbegriff Altrussischer Staat (Древнерусское государство) zu verwenden. Der Grund dafür ist, dass der Begriff „Kiewer Rus" den Beginn der Staatlichkeit in Nowgorod unter Rurik vor der Verlegung der Hauptstadt nach Kiew im Jahre 882 traditionell zwar mitumfasst, aber vom Namen her nicht berücksichtigt. <<[5]

>>Durch den hauptsächlich auf Konstantinopel ausgerichteten Handel kam es, trotz anfänglicher Eroberungsversuche seitens der Rus, zu engen Kontakten mit Byzanz, die zur christlichen Missionierung und schließlich im Jahre 988 in der Herr-

---

[3] Erich Donnert: *Das Kiewer Russland: Kultur und Geistesleben vom 9. bis zum beginnenden 13. Jahrhundert.* Urania-Verlag, 1983
[4] https://de.wikipedia.org/wiki/Kiewer_Rus
[5] a. O.

schaftszeit Wladimirs des Heiligen zum Übertritt der Rus zum orthodoxen Glauben führten.<<[6]

>>Aufgrund der politischen Zersplitterung erlag das altrussische Reich in den Jahren 1237 bis 1240 der Invasion der Mongolen, die die Rus ihrem Reich der Goldenen Horde tributpflichtig machten. Der nordöstliche Teil der Rus (Fürstentum Wladimir-Susdal, Rjasan, Twer) blieb bis 1480 unter ihrer Herrschaft, während südwestliche Gebiete und Galizien-Wolhynien in Folge der Schlacht am Irpen (1321) und der Schlacht am Blauen Wasser (1362) unter die Herrschaft des Großfürstentums Litauen kamen, das später mit Polen eine gemeinsame Republik Polen-Litauen bildete. Gebiete der heutigen Ukraine gelangten hierbei ab dem 16. Jahrhundert in den polnischen Herrschaftsbereich. Im Osten wurde aus dem Fürstentum Wladimir-Susdal das Großfürstentum Moskau, das nach und nach alle russischen Nachbarfürstentümer um sich konsolidierte und schließlich das tatarische Khanat Kasan unterwarf. Die Ukraine wurde durch dessen Ausdehnung zum russisch-polnischen Rivalitätsgebiet und Grenzland. Im Schwarzmeergebiet hielt noch lange die Herrschaft des Krimkhanats unter osmanischer Oberhoheit an, bis die Krim im 18. Jahrhundert vom Russischen Kaiserreich annektiert wurde. <<[7]

>>Rechtliche Diskriminierung, wirtschaftliche Ausbeutung und religiöser Druck auf die orthodoxe Bevölkerung der südwestlichen Rus seitens der polnischen Krone und der polnischen Magnaten führten immer wieder zu blutigen Aufständen gegen die polnische Herrschaft, die von der oktroyierten Kirchenunion von Brest 1596 weiter angefeuert wurden. Im Jahre 1648 befreite sich die Ukraine in einem Volksaufstand unter Führung des Kosakenhetmans Bohdan Chmelnyzkyj von der Herrschaft Polens und die Saporoger Kosaken begründeten einen unabhängigen Staat, das Hetmanat. 1654 unterstellten sich die Kosaken im Vertrag von Perejaslaw der Oberherrschaft des Moskauer Zaren, und in der Folge kam die Linksufrige Ukraine (in Bezug auf den Fluss Dnepr) mit Kiew unter russische Herrschaft. <<[8]

Erst >>nach der russischen Februarrevolution 1917 [Anm. U.P.: also fast 300 Jahre später] und während der deutschen und österreichischen Besatzung am Ende des Ersten Weltkrieges entstanden kurzlebige ukrainische Nationalstaaten, die Ukrainische Volksrepublik und Westukrainische Volksrepublik. Am 22. Januar 1919 wurde die Vereinigung der beiden Volksrepubliken beschlossen. Das Gebiet der West-Ukrainischen Volksrepublik wurde jedoch auch von Polen beansprucht und im Rahmen des Polnisch-Ukrainischen Krieges bis Juli 1919 vollständig besetzt; jedoch wurden im Polnisch-Sowjetischen Krieg die polnischen Truppen kurz darauf zurückgedrängt. In der Folge fielen die westukrainischen Gebiete an Polen, Rumänien und die Tschechoslowakei, die Zentral- Ost- und Südukraine an die Russische Sowjetrepublik. ...

Im Verlauf des sehr wechselvollen und blutigen Russischen Bürgerkriegs wurden die meisten Gebiete der Ukraine von der Roten Armee erobert und unter Trotzki

---

[6] a. O.
[7] https://de.wikipedia.org/wiki/Ukraine
[8] a. O.

Sowjetrussland angeschlossen. Mit der Gründung der Sowjetunion im Dezember 1922 wurde die Ukrainische SSR begründet.<<[9]

>>Nach dem Krieg war erstmals die gesamte Ukraine in einem Staat, der Sowjetunion, vereint. Im Jahr 1954 wurde anlässlich des 300-jährigen Jubiläums der Vereinbarung von Perejaslaw die Halbinsel Krim aus der Russischen in die Ukrainische Sowjetrepublik überführt. <<[10]

>>Der 300. Jahrestag wurde in der UdSSR mit monatelangen Feierlichkeiten begangen, in deren Rahmen die Ukrainische SSR die Halbinsel Krim von Chruschtschow geschenkt bekam – ein Geschenk, das bis heute für Spannungen sorgt. Man betonte die „unverbrüchliche Freundschaft" der beiden „Brudervölker", die mit Perejaslaw „auf ewig" verbunden seien, die Progressivität des Ereignisses und das angebliche Streben nicht nur Chmelnyzkyjs, sondern des ganzen ukrainischen Volkes nach Wiedervereinigung mit Russland. <<[11]

>>Nikita Chruschtschow stammte aus einer westrussischen Bauernfamilie, die 1908 in das Donezbecken in der Ukraine übersiedelte, seinerzeit das wichtigste Steinkohlen- und Industriegebiet des Russischen Reichs<< [12], und begann seine politische Karriere in der Ukraine.

>>Mit der Auflösung der Sowjetunion erlangte die Ukraine im Dezember 1991 nach einem Referendum mit 90,3 % Zustimmung ihre staatliche Unabhängigkeit. Seither sucht sie ihre nationale Identität und ihre internationale Rolle zwischen einer westlichen Orientierung, beispielsweise einer Integration in die Europäische Union, und einer östlichen Orientierung, d. h. einer politischen Orientierung zu Russland hin. <<[13]

Der Zusammenbruch der Sowjetunion lähmte zunächst das osteuropäische Selbst- und Gesellschaftsverständnis. Alles Heil wurde vom Westen erwartet, und entsprechend versuchte der Westen, sein Welt- und Gesellschaftsbild auch auf die osteuropäischen Länder und Russland auszudehnen. Die Folge war zunächst ein noch stärkerer Zusammenbruch der Wirtschaft und ein Auseinanderbrechen der Sowjetunion in verschiedene Länder mit mehr oder weniger autokratischen Regimen, geführt durch ehemalige Parteisekretäre der KPDSU. Auch Russland selbst drohte, zu zerfallen in lauter selbstbestimmte autonome Teilrepubliken mit zum Teil islamistischen Tendenzen.

Natürlich ist Wladimir Putin kein „lupenreiner Demokrat". Doch hätte ein solcher verhindern können, dass die Russische Föderation in einem Chaos und wirtschaftlicher Not endet? Es ist Putin gelungen, den Zerfall Prozess aufzuhalten und umzudrehen und heute Russland wieder zu einem selbstbewussten Faktor der internationalen Politik zu machen. Aber je mehr ihm dies gelang, wurde Russland vom Westen nicht mehr als Spielwiese für die Verwirklichung westlicher Gesellschafts- und Wirtschaftsordnung, ja nicht einmal als gleichwertiger Partner, sondern wieder als eine Bedrohung wahrgenommen.

---

[9] a. O.
[10] https://de.wikipedia.org/wiki/Ukraine
[11] https://de.wikipedia.org/wiki/Vertrag_von_Perejaslaw
[12] https://de.wikipedia.org/wiki/Nikita_Sergejewitsch_Chruschtschow
[13] https://de.wikipedia.org/wiki/Ukraine

Obwohl Russland nach der Wiedervereinigung Deutschlands und dem Ende Kalten Krieges davon ausgehen konnte, dass die osteuropäischen Länder nicht in die Westeuropäische Union und NATO aufgenommen werden und die NATO nicht bis an die Grenzen Russlands heranrückt, geschah genau dieses.

Ein wesentlicher Bestandteil für die Beendigung des Kalten Krieges war der Vertrag über konventionelle Streitkräfte in Europa, der am 19.11.1990 von den Ländern: Belgien, Bulgarien, Dänemark, Deutschland, Frankreich, Griechenland, Island, Italien, Kanada, Luxemburg, Niederlande, Norwegen, Polen, Portugal, Rumänien, Spanien, Tschechoslowakei, Türkei, die Ungarn, Sowjetunion, Großbritannien und USA unterzeichnet wurde. >> Während eines Gipfeltreffens der Organisation für Sicherheit und Zusammenarbeit in Europa (OSZE) in Istanbul beschlossen die KSE-Vertragspartner am 19. November 1999 schließlich ein Übereinkommen über die Anpassung des KSE-Vertrages (A-KSE). <<[14]

Die Enttäuschung über die mangelnde Umsetzung dieses Vertrages drückte Vladimir Putin auf der Sicherheitskonferenz in München 2007 so aus: >> Der adaptierte Vertrag über die konventionellen Streitkräfte in Europa wurde 1999 unterzeichnet. Er berücksichtigte die neue geopolitische Realität – die Liquidierung des Warschauer Paktes. Seither sind sieben Jahre vergangen, und nur vier Staaten haben dieses Dokument ratifiziert, darunter die Russische Föderation.

Die NATO-Länder haben offen erklärt, dass sie den Vertrag, einschließlich der Festlegungen über Begrenzungen bei der Stationierung einer bestimmten Stärke von Streitkräften an den Flanken, so lange nicht ratifizieren werden, bis Russland seine Basen in Moldawien und Georgien schließt. Aus Georgien ziehen unsere Truppen ab, sogar im Eiltempo. Diese Probleme haben wir mit unseren georgischen Kollegen geklärt, wie allen bekannt sein dürfte. In Moldawien verbleibt eine Gruppierung von anderthalb Tausend Wehrpflichtigen, die friedensfördernde Aufgaben erfüllen und Munitionslager bewachen, die noch aus Zeiten der UdSSR übriggeblieben sind. Wir sind ständig im Gespräch mit Herrn Solana über diese Probleme und er kennt unsere Position. Wir sind bereit, auch weiterhin in dieser Richtung zu arbeiten.

Aber was geschieht zur selben Zeit? In Bulgarien und Rumänien entstehen so genannte leichte amerikanische Vorposten-Basen mit jeweils 5000 Mann. Das bedeutet, dass die NATO ihre Stoßkräfte immer dichter an unsere Staatsgrenzen heranbringt, und wir, die wir uns streng an den Vertrag halten, in keiner Weise auf dieses Vorgehen reagieren.

Ich denke, es ist offensichtlich, dass der Prozess der NATO-Erweiterung keinerlei Bezug zur Modernisierung der Allianz selbst oder zur Gewährleistung der Sicherheit in Europa hat. Im Gegenteil, das ist ein provozierender Faktor, der das Niveau des gegenseitigen Vertrauens senkt. Nun haben wir das Recht zu fragen: Gegen wen richtet sich diese Erweiterung? Und was ist aus jenen Versicherungen geworden, die uns die westlichen Partner nach dem Zerfall des Warschauer Vertrages gegeben haben? Wo sind jetzt diese Erklärungen? An sie erinnert man sich nicht einmal mehr. Doch ich erlaube mir, vor diesem Auditorium daran zu erinnern, was gesagt wurde. Ich möchte ein Zitat von einem Auftritt des Generalsekretärs der

---

[14] https://sicherheitspolitik.bpb.de/m7/articles/m7-06

NATO, Herrn Wörner, am 17. Mai 1990 in Brüssel bringen. Damals sagte er: „Schon der Fakt, dass wir bereit sind, die NATO-Streitkräfte nicht hinter den Grenzen der BRD zu stationieren, gibt der Sowjetunion feste Sicherheitsgarantien." Wo sind diese Garantien?

Die Steine und Betonblocks der Berliner Mauer sind schon längst zu Souvenirs geworden. Aber man darf nicht vergessen, dass ihr Fall auch möglich wurde dank der historischen Wahl, auch unseres Volkes, des Volkes Russlands, eine Wahl zugunsten der Demokratie und Freiheit, der Offenheit und echten Partnerschaft mit allen Mitgliedern der großen europäischen Familie.

Jetzt versucht man, uns schon wieder neue Teilungslinien und Mauern aufzudrängen –wenn auch virtuelle, trotzdem trennende, die unseren gesamten Kontinent teilen. Soll es nun etwa wieder viele Jahre und Jahrzehnte dauern und den Wechsel von einigen Politiker-Generationen, um diese neuen Mauern zu „demontieren"? <<[15]

Zunächst glaubte Russland noch, im Zuge der Entspannung als gleichwertiges Mitglied westeuropäischer Organisationen respektiert zu werden. Diese Hoffnung zerstob spätestens, als in Osteuropa antiballistische Abwehrsysteme errichtet werden sollten. Der Westen behauptete zwar, dass diese Raketen aus dem Mittleren und Fernen Osten abfangen sollen. Russland wurde aber nicht an diesem System beteiligt, und der russische Vorschlag diese Stationen dann auf russischem Gebiet zu installieren, wurde abgelehnt.

Auf der Sicherheitskonferenz 2007 in München sagte Wladimir Putin dazu: >> Uns beunruhigen auch Pläne zum Aufbau von Elementen eines Raketenabwehrsystems in Europa. Wer braucht eine neue Runde eines in diesem Falle unausweichlichen Wettrüstens? Ich zweifele zutiefst daran, dass es die Europäer selbst sind.

Über Raketenwaffen, die, um tatsächlich Europa gefährden zu können, eine Reichweite von 5000 – 8000 Kilometern haben müssen, verfügt keines dieser so genannten „Problemländer". Und in der absehbaren Zukunft werden sie auch keine haben, nicht einmal die Aussicht darauf. Selbst der hypothetische Start einer nordkoreanischen Rakete in Richtung des Territoriums der USA über Westeuropa hinweg, widerspricht allen Gesetzen der Ballistik. Wie man bei uns in Russland sagt, ist das so, „wie wenn man sich mit der linken Hand am rechten Ohr kratzt". <<[16]

Es versteht sich, dass aufgrund dieser Erfahrungen Russland auch wiederum an seine eigene Sicherheit denken musste und zunehmend empfindlich reagierte bei jedem Akt, mit dem sich die Europäische Union und die NATO an seine Grenzen heranschoben und ehemalige Sowjetrepubliken in ihr System einbezogen.

Russland wusste, dass kein Land in die NATO aufgenommen werden kann, dass interne Konflikte hat und unterstützte deswegen, als Georgien 1992 diese Länder gewaltsam integrieren wollte, Abchasien und Südossetien bei ihren Unabhängigkeitsbestrebungen von Georgien, auch militärisch. Russland akzeptierte aber nicht den Wunsch dieser Länder, Teilrepubliken der Russischen Föderation zu werden. Somit waren sie faktisch unabhängig, dem georgischen Anspruche nach aber ein

---

[15] http://www.ag-friedensforschung.de/themen/Sicherheitskonferenz/2007-putin-dt.html
[16] ww.ag-friedensforschung.de/themen/Sicherheitskonferenz/2007-putin-dt.html

Teil Georgiens, und dieser schwelende Konflikt machte es unmöglich, Georgien in die NATO aufzunehmen.

Aus der dargelegten gemeinsamen Geschichte musste Russland besonders empfindlich auf Bestrebungen reagieren, die die Ukrainer in die Europäische Union und in die NATO geführt hätten.

Die Ukraine hatte zwar einen gemeinsamen Ursprung mit Russland, aber zugleich viele Einflüsse aus Polen und Litauen. So ist die ukrainische Gesellschaft in sich gespalten. Der westliche Teil ist überwiegend katholisch oder ukrainisch-orthodox bzw. autokephal orthodox, spricht ukrainisch und tendiert eher zum Westen, der östliche Teil überwiegend russisch-orthodox und tendiert eher zu Russland.

>>Russische Muttersprachler bilden in der Autonomen Republik Krim und in Sewastopol mit 77,0 % bzw. 90,6 % die Sprachenmehrheit. Viele russische Muttersprachler auf der Krim sind ethnische Ukrainer und Angehörige anderer Minderheiten. In der Oblast Donezk und in der Oblast Luhansk beträgt der russische Muttersprachleranteil 74,9 % bzw. 68,8 %.<<[17]

---

[17] https://de.wikipedia.org/wiki/Ukraine

>>Ein nicht-staatlicher Bericht ergab Januar 2010 folgende Verteilung: [18]<< [19]

Bezirke	Orthodoxe				Katholisch			Protest.
		Moskauer Patriarch	Kiewer Patriarch	Autokephale[20]		Griech. kathol.	Röm. kathol.	
Westliche	%	%	%	%	%	%	%	%
Lwiw	31,3	2,1	16,0	13,2	57,6	53,0	4,6	6,8
Iwano-Frankiwsk	35,7	2,3	22,4	11,1	53,4	50,9	2,4	5,2
Ternopil	37,9	7,2	14,0	16,8	51,1	46,2	4,9	8,1
Östliche								
Donezk	47,3	40,9	4,9	0,3	2,8	1,9	0,9	29,8
Charkiw	49,3	44,2	2,5	1,6	1,7	0,9	0,9	29,2
Luhansk	56,1	50,7	3,6	0,8	0,5	0,4	0,1	25,3
Krim	42,4	38,0	2,9	0,7	1,7	0,7	1,0	16,9
Stadt Swastopol	49,1	44,8	1,7	0,9	3,4	2,6	0,9	25,9
Ukraine	54,6	36,9	13,3	3,8	14,4	11,5	2,9	19,8

Zudem wurde unter Wiktor Juschtschenko >>eine aktive Ukrainisierungspolitik betrieben; so wurden etwa das Russische in Schulen und im Alltag zurückgedrängt und zahlreiche Maßnahmen eingeführt, die den Gebrauch der ukrainischen Sprache fördern sollten. Der 2010 gewählte Präsident Janukowytsch hob jedoch zahlreiche dieser Maßnahmen wieder auf, wogegen die Opposition um Julija Tymoschenko vehement protestierte. << [21]

Als Vladimir Putins Angebote auf Vergünstigungen von Sonderenergiepreisen bis hin zu hohen Krediten an die Ukraine nichts fruchteten und die Ukraine sich quasi in einem Staatsstreich gegen den amtierenden Präsidenten Janukowytsch als

---

[18] Bericht über registrierte Religiöse Gemeinden, durchgeführt vom "Institute for Religious Freedom" (IRF), einer Nichtregierungsorganisation; Stand: 1. Januar 2010
[19] Quellle: https://de.wikipedia.org/wiki/Religionen_in_der_Ukraine
[20] >>Nach der Ausrufung des ersten unabhängigen ukrainischen Staates am 25. Januar 1918, der Ukrainischen Volksrepublik, versuchten ukrainische Geistliche, die staatliche Unabhängigkeit mit der Gründung einer autokephalen orthodoxen Kirche zu untermauern. ... 1937 hörte sie zu bestehen auf. ... Nach der deutschen Besetzung im Zweiten Weltkrieg wurde im Generalgouvernement zum zweiten Mal eine autokephale ukrainische Kirche gegründet. ... Vor dem Vormarsch der Roten Armee floh die Hierarchie der Kirche 1944 ausnahmslos nach Westen, in der Ukrainischen SSR blieb sie verboten. ... Ausgangspunkt war diesmal die Polnische Orthodoxe Kirche, der 1924 der Autokephaliestatus vom Patriarchen von Konstantinopel verliehen wurde. Sie reorganisierte sich jedoch in der Emigration, zunächst in Deutschland, dann in den USA und Kanada. 1946 gab es in Deutschland 80 Gemeinden. In den 1950er Jahren sind viele Ukrainer nach USA, Kanada, Australien, Südamerika und andere Länder Westeuropas ausgewandert. In diesen Ländern wurden Ukrainische Orthodoxe Kirchengemeinden gegründet. ... 1990 wurde die Ukrainische Autokephale Orthodoxe Kirche offiziell auch in der Ukraine wieder gegründet und vereinigte sich mit den ausländischen Eparchien. Oberhaupt wurde Patriarch Mstyslav (Skrypnyk) aus den USA. ... 1995 lösten sich die Eparchien in den USA, Westeuropa und Australien von der ukrainischen Kirche und bildeten eigene Kirchen. ... Seit 2015 hat die Kirche keinen leitenden Metropoliten mehr. <<
https://de.wikipedia.org/wiki/Ukrainische_Autokephale_Orthodoxe_Kirche
[21] https://de.wikipedia.org/wiki/Ukraine

Folge der Maidan-Proteste dem Westen zugewandte, konnte Putin diese Entwicklung nur noch dadurch verhindern, dass er wie vorher in Georgien die Unzufriedenheit der Russland-orientierten Bevölkerung gegen die Ukrainisierungsmaßnahmen unterstützte. So kam es zu den blutigen Konflikten im Ostteil der Ukraine.

Obwohl überwiegend russisch sprachlich und russisch-orthodox war die Krim anlässlich des 300-jährigen Jubiläums der Vereinbarung von Perejaslaw gleichsam als Pfand unverbrüchlicher Gemeinsamkeit zwischen Russland und der Ukraine von Chruschtschow der Ukraine geschenkt worden. Durch die Abwendung der Ukraine von Russland entfiel die Grundlage für dieses Geschenk. Zugleich musste Russland befürchten, dass es seine Schwarzmeerflotte auch noch aus Sewastopol hätte abziehen müssen. So kam es zu der Einverleibung der Krim nach Russland.

Aus den bisherigen Erörterungen dürfte klar geworden sein, dass Russland nicht die Ukraine, ja nicht einmal das aufständische Donetzgebiet annektieren will. Vielmehr will Russland verhindern, dass die Ukraine in die westlichen Allianzen eingegliedert und die Ukraine zum Aufmarschgebiet der NATO wird. Eine Lösung könnte deshalb nur eine Neutralisierung der Ukraine sein, eine Position, die als Brücke zwischen Ost und West wirtschaftspolitisch interessante Perspektiven eröffnen würde. Die Krim ist für die Ukraine dagegen verloren.

Solange dies nicht erkannt wird und die westlichen Länder weiterhin versuchen, durch Sanktionen auch noch die Rückgabe der Krim erzwingen zu wollen, blockieren die euroeuropäischen Länder ihre eigene Politik, den wirtschaftlichen Austausch mit Russland und muss die ukrainische Bevölkerung weiterhin leiden.

Obwohl die USA zu den stärksten Russlandfeinden zählen, zwingen die durch Donald Trump ausgelösten Beeinträchtigungen der freien Wirtschaftsbeziehungen und die zunehmende Entfremdung zwischen Europa und den USA die Europäer dazu, die Beziehungen zu Russland zu intensivieren. Donald Trump ist jedoch emotional und möglicherweise auch privatwirtschaftlich an Russland gebunden. So könnte er auch entgegen der vorherrschenden amerikanischen Russlandphobie eine Lockerung der Sanktionen anordnen und damit zusätzlich die westlichen Länder zwingen, die Beziehung zu Russland zu normalisieren.

IV. Die Illusion, dass eine freizügige Aufnahme von Flüchtlingen möglich ist und der Beitrag rechtsradikaler und linksradikaler Trumpisten zur Überwindung dieser Illusion

Im Prinzip sind alle zu loben, die auf andere Menschen und somit auch auf Flüchtlinge liebevoll zugehen, und zu tadeln, die ethnische Dünkel pflegen und fremdenfeindlich sind. Aber Prinzipien sind starr und können auch nur *im Prinzip* Handlungen bestimmen und, wie dargelegt, auch zu Illusionen führen.

Denn bei Flüchtlingen, die in andere Länder einströmen, kann es zu vielfältigen Problemen kommen, unter anderem, wenn

1. die aufnehmenden Menschen nicht liebevoll sein *wollen*. An sich kann zwar davon ausgegangen werden, dass die Mehrheit der Menschen für die Not anderer offen ist. Diese Offenheit kann aber in Ablehnung, ja sogar Hass umschlagen, wenn
2. die Fremden ihre eigenen Verhaltensweisen geltend machen, womit sie bei den Einheimischen Anstoß erregen, als da sind:
   - Verschleierung des Gesichtes,
   - Diskriminierung von Frauen, Ablehnung weiblicher Lehrer, Ärzte und Betreuer,
   - andere Vorstellung von Reinhaltung und anderen Formen des Zusammenlebens,
   - Aggressivität oder gar potentieller Terrorismus.
3. die Flüchtlinge staatlich besser unterstützt werden, als bedürftige Einheimische,
4. die Zahl der Flüchtlinge so groß wird, dass sie als Überfremdung der gewohnten Heimat empfunden werden,
5. der Staat nicht willens oder überfordert ist, die Flüchtlinge ordnungsgemäß zu registrieren und zu integrieren, die Sicherheit der Menschen zu gewährleisten und kleinere Gemeinden mit den dort entstehenden Problemen allein lässt, wie es leider auch in Deutschland der Fall war.

Die Toleranzschwelle ist in den größeren Industriestädten relativ hoch und in den kleineren Gemeinden mit relativ einheitlichen traditionellen Lebensformen relativ gering. Wird die Toleranzschwelle überschritten, dann kommt es zu Widerständen der heimischen Bevölkerung, die wieder zu zusätzlicher Aggressivität der Flüchtlinge führen kann.

In Europa und selbst in den relativ offenen Gesellschaften Nordeuropas ist die Toleranzschwelle offensichtlich mehr und mehr überschritten. Die Folge ist, dass das Vertrauen in die etablierten Mächte schwindet und populistische rechts- und linksradikale Parteien Zulauf erhalten.

Auch in diesem Fall können Trumps notwendig sein, um die Probleme in den Griff zu bekommen. So wurde der ungarische Ministerpräsident, Viktor Orbán, zunächst gescholten, als er die ungarische Grenze mit einem Stacheldraht bewehrte. Italienischen Politikern wird vorgeworfen, Rettungsaktionen im Mittelmeer zu behindern, obwohl jeder weiß, dass wenn die vielfältigen schrecklichen Gefahren auf dem Wege durch Afrika und über das Mittelmeer nicht wären und nicht so viele Unglücke entstehen würden, der Flüchtlingsstrom und entsprechend die Destabilisierung der europäischen Länder noch größer wäre.

Das Erstarken von rechts- und linksradikalen Parteien ist wie eine Krankheit ein Weckruf, dass der praktizierte Umgang mit Flüchtlingen nicht angemessen ist und zur Zerstörung der eigenen Gesellschaft führt und damit auch letztlich den Flüchtlingen nicht hilft.

V. Die Illusion, dass der allgemeine Wohlstand durch immer weitere Liberalisierung des Welthandels gefördert wird, ihre Folgen und der Beitrag Donald Trumps zur ihrer Überwindung

Zu den fundamentalen Grundüberzeugungen der Marktwirtschaftslehre gehört es, dass der internationale Handel den Lebensstandard der Völker erhöht. Wenn jedes Land sich auf die Produktion der Güter spezialisiert, die es im Verhältnis zu den anderen Ländern billiger herstellen kann, dann sollen alle Länder davon profitieren.

Der Vorteil des internationalen Handels gilt jedoch nur dann, wenn die Produktionsverhältnisse der beteiligten Länder naturbedingt sind, also beispielsweise Bernstein von der Ostsee gegen Bananen in Südamerika getauscht würde. Denn Bernstein wird voraussichtlich in Südamerika kaum gefunden und Bananen könnten an der Ostsee nur sehr aufwendig in Gewächshäusern gezüchtet werden. Auch werden beide Handelspartner davon profitieren, wenn beispielsweise Island mit billiger Thermalenergie Aluminium produziert und gegen Wein aus Italien tauscht.

Der Vorteil, den die einzelnen Länder aus dem internationalen Handel ziehen, relativiert sich jedoch, wenn die Produktionsverhältnisse in den verschiedenen Ländern unterschiedlich sind. So hat Großbritannien beim Export von Tuchen im Austausch zu Rohstoffen bereits mehr profitiert, als die anderen Handelspartner. Dabei kann man nicht davon ausgehen, dass die natürlichen Produktionsverhältnisse in Großbritannien für die Herstellung von Tuchen günstiger waren, als in anderen Ländern. Sie waren nur deswegen günstiger, weil das technische Know-how in Großbritannien weiterentwickelt war.

Dieser Produktionsvorteil Großbritanniens und letztlich aller Industrieländer erhöht sich im Laufe der wirtschaftlichen Entwicklung relativ zu den Handelspartnern mit geringerem technischen Fortschritt immer mehr, weil die daraus gezogenen Gewinne die Industrialisierung weiter fördern können und das technische Know-how die Basis bietet für weitere Innovationen. Selbst die Agrarwirtschaft profitierte von dem technischen Fortschritt. Heute können viele Agrarprodukte in den Industrieländern günstiger hergestellt werden als in Entwicklungsländern und der Verkauf dorthin die dort heimische Industrie zerstören.

Um die technologisch höherwertigen Anlagen bedienen zu können, steigt gleichzeitig das Ausbildungsniveau in den Industrieländern. Immer diversifiziertere Qualifikationen werden ausgebildet. Das für die Entwicklung der Produktionsmittel notwendige säkulare Wissen führt darüber hinaus zu einer stärkeren Individualisierung der Menschen, eine Vorbedingung für demokratische Staatsordnungen.

In den weniger entwickelten Ländern verharren die Menschen dagegen auf einem niedrigen Bildungsstandard und archaischen Stammes- und Familienverhältnissen. Sofern in den Entwicklungsländern auch Arbeitskräfte mit höherer Qualifikation ausgebildet werden, finden sie heute noch nicht genügend Arbeitsplätze und versuchen, in die Industrieländer abzuwandern. So kann sich eine relative zurückbleibende Zivilisation erhalten. Zugleich wachsen aber damit die potentiellen Wanderbewegungen in die Industrieländer.

Im internationalen Handel vollzieht sich die gleiche Entwicklung, wie wir sie auch in der unterschiedlichen Entwicklung von Stadt und Land und der daraus resultierenden Landflucht kennen. Industrie und Dienstleistungen ballen sich in den Städten. Eine Verwahrlosung der Dörfer kann nur durch erhebliche Infrastrukturzuweisungen und Agrarhilfen verhindert werden.

Auch im europäischen Rahmen profitieren die Industrieländer entsprechend mehr als die eher Agrarprodukte herstellenden südeuropäischen Länder. Deswegen kann die *Europäische Union* zerbrechen, wenn die Industrieländer ihren relativen Vorteil nicht anerkennen und nicht bereit sind, in weit größerem Umfang ihre finanziellen Vorteile mit den übrigen europäischen Ländern zu teilen.

Die Handels-, Logistik-, Versicherungs- und sonstigen Dienstleistungskompetenzen konzentrieren sich auch bei den industrialisierten Ländern, und da im Handel und mit Dienstleistungen weit mehr verdient wird, als an der eigentlichen Produktion, beschleunigt sich die ungleiche wirtschaftliche Entwicklung im Rahmen von internationalen Handelsbeziehungen.

Wie die Konzentrierung von Handelsunternehmen, Logistik- und sonstiger Dienstleistungsunternehmen in einzelnen Ländern das internationale Gleichgewicht stören kann, erleben wir bei Unternehmen wie Google, Facebook und Amazon heute in den Industrieländern auch selbst. Die daraus resultierenden Probleme können auch nicht mit dem einfachen Glauben an möglichst ungehindertem Handel gelöst werden. In Bezug auf die Entwicklungsländer hätte diese Problematik viel früher erkannt werden müssen.

Sofern es überhaupt in den Entwicklungsländern zu einer Verbesserung der Produktionsverhältnisse und Industrialisierung kommt, müssen Unternehmer aus den Industrieländern dort investieren mit der Folge, dass sie auch Unternehmer und Kapitalgeber in den Entwicklungs-ländern selbst werden, aber dann auch dort wiederum überproportional an den generierten Einkommen partizipieren.

Heute findet jedoch eine gewisse Industrialisierung insofern statt, als lohnintensive Produktionen unter Ausnutzung der billigeren Arbeitskräfte in den Entwicklungsländern dorthin verlagert werden. Aber abgesehen davon, dass auch bei Lohnfertigungen der größere Anteil der Erträge an die westlichen Industrieländer geht, die die Lohnfertigung nutzen, war diese Entwicklung im Wesentlichen auch erst die Folge davon, dass Länder mit einem attraktiven eigenen Markt die Unternehmer der Industrieländer durch Zollschranken zwangen, im Land selbst zu fertigen.

Noch größer war der Industrialisierungseffekt für die Entwicklungsländer, wenn sie zugleich verlangten, dass heimische Unternehmer an den Fertigungsbetrieben in den Entwicklungsländern beteiligt werden müssen, so dass Unternehmens- und technisches Know-how von Unternehmen in den Entwicklungsländern selbst erworben werden konnte und sie auch stärker an den Gewinnen partizipierten und somit auch selbst investieren konnten.

Ohne diese Restriktionen des internationalen Handels – und das beweist bereits, dass die naive These, dass internationaler Handel in jedem Fall für alle Partner günstig ist, nur bedingt zutrifft – hätten sich die heutigen Schwellenländer nicht so rasant entwickeln können.

Nach den Grundsätzen des internationalen freien Marktes soll der internationale Warenaustausch auch durch möglichst niedrige Zölle gefördert werden. Wir haben gesehen, dass die Schwellenländer nur insoweit den Anschluss an die industrielle Entwicklung bekamen, wie sie genau gegen diesen Grundsatz verstießen, d.h. Unternehmer aus Industrieländern zwangen, im Land zu produzieren und die heimische Wirtschaft daran teilhaben zu lassen.

Für die Industrieländer führten die allgemeinen Zollsenkungen dazu, dass die weniger qualifizierten Arbeitskräfte immer mehr mit Arbeitskräften aus den Entwicklungsländern konkurrieren mussten, obwohl sie nach den Lebensbedingungen der Industrieländer selbst mit so niedrigen Löhnen gar nicht leben können, was dann in Deutschland durch Aufstockerprämien im Rahmen von Hartz IV ausgeglichen wird. So entwickelten sich zunehmend prekäre Arbeitsverhältnisse bis hin zur Arbeitslosigkeit.

Die oberen Einkommensbezieher und diejenigen, die zusätzliche Erträge aus Vermögen erwirtschaften, können ständig weiteres Vermögen erwerben, während die unteren Einkommensschichten über keine Vermögenserträge verfügen und aus ihren Gehältern auch kein Vermögen bilden können. Eine zunehmende relative Verarmung der unteren Einkommensbezieher und entsprechend eine sich verschärfende Spaltung der Gesellschaft ist die Folge.

Die nicht zuletzt durch die ungleiche Vermögens- und Einkommensverteilung bedingten hohen volkswirtschaftlichen Ersparnisse – und das heißt zugleich entsprechend geringere Konsumnachfrage – lässt das Sparkapital, soweit es noch realwirtschaftlich investiert wird und nicht nur auf dem Kapitalmarkt Kurssteigerungen befeuert und/oder verbrannt wird, bevorzugt in Rationalisierungsinvestitionen fließen. Dadurch aber, noch gefördert durch die Digitalisierung der Produktionsabläufe, werden die tendenzielle Arbeitslosigkeit und prekären Arbeitsverhältnisse zusätzlich weiter steigen.

Rationierungsinvestitionen verwandeln Lohnkosten in Kapitaleinkünften. Soweit die Rationierungsgewinne wettbewerbsbedingt nicht durch Preissenkungen an die Konsumenten weitergegeben werden, verschärfen Rationalisierungsinvestitionen somit die zumindest relative Verarmung der unteren Einkommensbezieher. Es ist deshalb verständlich, dass alle Wachstumserfolge der vergangenen 20 Jahre fast ausschließlich den Unternehmern, Kapitalgebern und Höherqualifizierten zugeflossen sind.

Je niedriger die Einkommenszölle und nichttarifären Handelshemmnisse sind, umso mehr werden Rationalisierungsmöglichkeiten begünstigt, so dass, wenn tatsächlich durch verstärkten internationalen Handel wirtschaftliches Wachstum generiert wird, dieses wiederum fast ausschließlich den Kapitaleignern, Unternehmern und Höherqualifizierten zufließt, während die unteren Einkommensschichten dadurch benachteiligt werden. Das heißt: selbst wirtschaftliches Wachstum durch internationalen Handel ist nicht unbedingt gleichbedeutend mit Steigerung des allgemeinen wirtschaftlichen Wohlstands.

Während die unteren Einkommensbezieher in den Entwicklungs- und Schwellenländern durch die Prozessverlagerungen und zusätzliche Industrialisierung ihrer Länder eher profitieren, verschärfen sich durch zunehmende Arbeitslosigkeit und prekäre Arbeitsverhältnisse die gesellschaftlichen Spannungen in den Industrieländern und machen diese empfänglich für alternative wirtschaftspolitische Vorgehensweisen, wie sie Donald Trump in den USA verfolgt.

Gegen den wütenden Protest der herrschenden neoliberalen Wirtschaftstheorie und der übrigen Industrieländer will der derzeitige US-Präsident Donald Trump durch Zollerhöhungen lohnintensive Fertigungskapazitäten wieder in die USA zurückholen und Unternehmer aus anderen Ländern zwingen, in den USA selbst zu fertigen.

Es ist dies gleichsam ein Gegenentwurf zu den Entwicklungsländern. Die Entwicklungsländer müssen dafür sorgen, dass Know-how und Kapital im Land generiert werden, die Industrieländer müssen verhindern, dass weniger qualifizierte Arbeitskräfte im Land keinen ausreichend bezahlten Arbeitsplatz finden. Denn es gibt kein Land der Erde, in dem nur Hochqualifizierte oder nur Unqualifizierte leben. Jede Volkswirtschaft muss ausreichend diversifiziert sein, damit die verschiedenen Bevölkerungsgruppen Arbeit finden. Auch fördert eine höhere Diversifizierung gegenseitige Befruchtungen der verschiedenen Industrie- und Dienstleistungsbereiche.

Mit dieser Politik schaden die Vereinigten Staaten ihre internationalen Wirtschaftspartner. Aber auch die amerikanische Wirtschaft wird Anpassungsschwierigkeiten zu überwinden haben. Doch der amerikanische Markt ist so riesig, dass er sich eine autarke Wirtschaft mit relativ geringem Außenhandel leisten kann.

Spätestens wenn die Unternehmen erkannt haben, dass die Autarkiebestrebungen zulasten des freien Warenaustausches die Regel werden, denn die übrige Welt wird auf die amerikanische Abschottung reagieren müssen, werden die Unternehmen in jedem größeren Markt alle Produktionsmöglichkeiten vorhalten. Die Digitalisierungsmöglichkeiten begünstigen ohnehin komplexe Fertigungen, sogenannte *Fraktale Fertigungsbetriebe*, an einem Standort.

Die Wirtschaft ist deswegen immer weniger auf Massenproduktion an bestimmten Orten der Welt und Zulieferung von dort aus an die weiterverarbeitenden Betriebe angewiesen. Es ist somit gar nicht zu erwarten, dass auf mittlere Frist die Wirtschaft schlechter floriert als vorher, zumal weniger qualifizierte Arbeitskräfte stärker gefragt sein werden und höhere Löhne durchsetzen können.

Natürlich sind auch diese Arbeitskräfte durch Digitalisierungsinvestitionen gefährdet. Aber das wären sie auch ohne die protektionistischen Maßnahmen. Wirtschaftliche Fehlentwicklungen können im Übrigen durch staatliche Maßnahmen besser bekämpft werden, wenn nicht so stark auf den Außenhandel Rücksicht genommen werden muss.

In den USA gab es schon immer Perioden des Isolationismus und latent war dieser Isolationismus immer vorhanden. Auch neigten die Vereinigten Staaten schon immer dazu, ihre politische und wirtschaftliche Macht bis hin zur Industriespionage zur Durchsetzung eigener Interessen einzusetzen.

Es ist nicht zu bezweifeln, dass spätere US-Präsidenten sich wieder stärker der übrigen Welt öffnen werden. Hilfsgelder für benachteiligte Länder und Naturkatastrophen könnten wieder fließen und die gestörten US-Beteiligungen an internationalen Organisationen könnten wieder aufgenommen werden. Aber außen- und wirtschaftspolitisch wird es eher bei dem „Amerika first" bleiben. Ein erneutes Abwandern von Industriebetrieben wird Amerika auch kaum wieder zulassen. Die Autarkiepolitik wird fortgesetzt werden.

Entsprechend müssen auch andere Regionen und Europa autarker werden, primär um nicht mehr erpressbar zu sein, aber auch um sich vor dem Überschwappen von Krisen in anderen Regionen zu schützen. Wehe den Ländern, die sich dieser Erkenntnis verschließen! So kann der Schlag Donald Trumps gegen einen völlig liberalisierten Weltmarkt zwar kurzfristig Wirtschaftskrisen befördern, längerfristig aber dazu beitragen, die Gefahr von Weltwirtschaftskrisen zu verringern.

VI. Die Illusion, dass durch Senkung von Unternehmungssteuern die Wirtschaft belebt werden kann, und der mögliche Beitrag Donald Trumps zu ihrer Überwindung

Zu den beliebtesten Wahlversprechen gehört die Proklamation, Steuern zu senken. In dieser plakativen Form erwartet jeder, dass er dadurch mehr Geld zur Verfügung hat. Zudem sollen entsprechend der herrschenden neoliberalen Wirtschaftsauffassung dadurch höhere Investitionen, wirtschaftliches Wachstum und geringere Arbeitslosigkeit ausgelöst werden.

Zulasten welcher Ausgaben die Steuersenkungen finanziert werden sollen, wird dabei meistens nicht erwähnt bzw. es wird gleichsam als selbstverständlich unterstellt, dass durch das zu erwartende Wirtschaftswachstum die Steuereinnahmen so weit zunehmen, dass die Steuersenkungen finanziert werden können, es sei denn die Steuersenkungen intendieren auch, dass ausländische Vermögende und Unternehmen ihren Steuersitz in das Land verlegen, die zu erwartenden Steuermehreinnahmen somit Steuermindereinnahmen in anderen Ländern sind.

Durch Steuersenkungen ausgelöste Verlagerungen von Unternehmen und Wohnsitzen können einem Land zwar erhebliche zusätzliche Einnahmen bescheren und insofern auch deren Prosperität fördern. Sie senken aber in Höhe des Steuersenkungsbetrags die weltweiten Staatseinnahmen und verteilen die Staatseinnahmen der Welt zudem zu Gunsten des steuersenkenden Landes um. Weltwirtschaftlich wird dadurch kein zusätzlicher wirtschaftlicher Impuls gegeben, sondern nur die eigene Prosperität mit Steuerausfällen anderer Länder bezahlt.

Soweit sich dann die anderen Länder dagegen wehren und es zu einem allgemeinen Wettlauf von Steuersenkungen kommt, versiegen weltweit die Steuereinnahmen mit entsprechenden Folgen für die notwendigen staatlichen Ausgaben. Die dadurch ausgelösten negativen Wirkungen auf die Staatsausgaben schlagen auch wieder auf die allgemeine Nachfrage, die Entwicklung der Infrastruktur, die Unzufriedenheit bis hin zu Streiks der Lohnempfänger und somit auch auf die Wirtschaft insgesamt zurück und beeinträchtigen somit auch die Unternehmertätigkeit selbst.

Ob und inwieweit Steuersenkungen – abgesehen von den angegebenen Steuerumverteilungen – Wirtschaftswachstum und größeren Wohlstand generieren, hängt davon ab, ob diejenigen, die durch die Steuersenkungen eine höhere Kaufkraft haben, diese auf dem Markt auch wieder für Konsumzwecke oder Investitionen ausgeben und inwieweit Steuersenkungen nicht durch geringere Staatsausgaben finanziert werden. So ist davon auszugehen, dass Steuersenkungen für die Mittelschicht und niedrigen Einkommensbezieher, soweit letztere überhaupt Steuern zahlen, die volkswirtschaftlichen Konsumausgaben und bei Handwerkern gegebenenfalls auch Investitionen auslösen und somit die wirtschaftliche Prosperität befördern.

Die im Allgemeinen als selbstverständlich angenommene Erwartung, dass Steuersenkungen Investitionen bewirken, ist in unserer Zeit jedoch relativ unwahrscheinlich. Der Kapitalmarkt bietet genügend Kapital an, so dass das Zinsniveau, wenn auch unterstützt durch Geldflutung der Notenbanken, sogar auf 0 % gefallen ist. Deswegen würden Steuersenkungen zugunsten von Kapitaleignern und Unternehmen allenfalls die Spekulationsausgaben fördern und die Nachfrage nur insoweit, als dadurch zusätzliche beispielsweise Immobilien-Spekulationen ausgelöst werden. Diesen wenn überhaupt relativ niedrigen Wirtschaftsimpulse sind die Nachfrageausfällen entgegenzusetzen, soweit die Steuersenkungen durch geringere Staatsausgaben finanziert wurden.

Generell ist davon auszugehen, dass Steuersenkungen zugunsten oberer Einkommensschichten eher stagnierend auf die Wirtschaft wirken, es sei denn die Staatsausgaben werden nicht gesenkt oder sogar noch erhöht und die Steuersenkungen durch eine höhere Verschuldung des Staates ausgeglichen. Beispiele dafür sind die Steuersenkungen des damaligen US-Präsidenten Ronald Reagan, die einhergingen mit einer erheblichen Erhöhung der Staatsausgaben und Staatsverschuldung. Ein weiteres Beispiel dafür ist die von dem gegenwärtigen US-Präsidenten Donald Trump erlassene Steuersenkung bei gleichzeitiger Erhöhung der Staatsausgaben für Infrastruktur, Rüstung und eine Mauer nach Mexiko, soweit diese Ausgaben nicht durch Steuermehreinnahmen infolge von Steuerverlagerungen in die USA finanziert werden können.

So passen die wirtschaftlichen Maßnahmen von Donald Trump zwar zu seiner Politik des *America first* ohne Rücksicht auf die Auswirkungen auf die übrige Weltwirtschaft. Die dadurch ausgelösten weltwirtschaftlichen Probleme können jedoch zusätzliche Antriebe sein, die weltwirtschaftlichen Schwachstellen zu bereinigen und die eigene Volkswirtschaft von der Weltwirtschaft abzukoppeln, um von weltwirtschaftlichen Problemen nicht mehr abhängig zu sein. So kann längerfristig die Gefahr, dass Krisen in bestimmten Wirtschaftsräumen auf andere Länder überschwappen und zu Weltwirtschaftskrisen führen, verringert werden.

VII. Die Illusion, dass geringere Staatsausgaben die wirtschaftliche Entwicklung fördern

Im Laufe der Entwicklung haben sich die Staatsausgaben in allen Ländern tendenziell laufend erhöht, wie aus folgender Tabelle ersichtlich:

>>Angaben in Prozent.

Hinweis: Die Angaben können je nach Institut und Erhebung geringe Abweichungen aufweisen.

Land	2001	2002	2003	2004	2005	2006	2007	2008	2009	2010	2012	2014
Belgien			51,1	49,3	52,1	48,6	48,4	50,1	54,1		52,8	55,1
Dänemark			55,3	55,1	52,6	51,5	50,8	51,9	58,3		58,2	56
Deutschland	47,6	48,1	48,5	47,1	46,8	45,4	43,7	43,7	47,6	46,6	44,9	44,3
Finnland			50,0	50,3	50,0	48,9	47,2	49,3	55,8		54,4	58,3
Frankreich			53,4	53,2	53,3	52,7	52,3	52,8	56,0		56,2	57,5
Griechenland			49,2	49,8	43,8	44,9	46,2	49,1	53,2		51,0	49,9
Irland			33,5	34,0	34,0	34,5	36,8	42,7	48,9		42,8	38,2
Italien			48,3	47,8	48,1	48,7	47,9	48,9	51,9		51,0	51,2
Japan					38,4	36,0	35,8	36,4				
Luxemburg			42,3	43,1	41,5	38,6	36,2	36,9	42,2		43,8	42,4
Niederlande			47,1	46,3	44,8	45,5	45,2	46,0	51,4		50,1	46,2
Österreich			51,1	50,3	50,1	49,3	48,3	48,7	52,3		51,5	52,7
Portugal			45,8	46,7	45,8	44,5	43,7	43,5	48,1		46,7	51,7
Schweden			58,2	56,7	53,6	52,6	50,9	51,5	54,6		49,2	51,8
Schweiz	35,0	36,3	37,9	37,5	37,2	35,4	34,2	32,5	34,6	34,1	34,7	32,9[2]
Spanien			38,2	38,8	38,4	38,4	39,2	41,3	45,8		42,7	44,5
Vereinigtes Königreich			42,8	43,1	44,1	44,2	43,9	47,5	51,7		45,5	43,9
Vereinigte Staaten					36,6	36,5	37,4	38,6	41,6	40,0	37,3	
Volksrepublik China					18,4	18,5	18,3	22,6	25,8	25,9	28,1	29,7

- Verwendete Quellen:
- Statistisches Bundesamt:[22][23][24]
- Deutsches Bundesministerium der Finanzen:[25][26]
- Bundesamt für Statistik:[27]
- Technische Universität Chemnitz:[28]
- Statista GmbH:[29] <<30

---

22 Anteil der Gesamtausgaben des Staates am Bruttoinlandsprodukt (Memento vom 7. Juni 2007 im Internet Archive) (Stand 1. November 2006, Internet Archive)

23 Statistisches Jahrbuch 2010 (PDF)

24 USA: Staatsquote von 2003 bis 2013

25 Abgabenquoten im internationalen Vergleich Deutsches Bundesministerium der Finanzen auf Basis „Statistischer Anhang der Europäischen Wirtschaft" der EU-Kommission

26 Entwicklung der Staatsquote. Bundesministerium der Finanzen

27 Kennzahlen in % des BIP. Statistik Schweiz, abgerufen am 3. November 2011

28 Staatsquote im internationalen Vergleich (Memento vom 12. Januar 2014 im Internet Archive) (PDF; 42 kB)

In der Logik der Neoliberalen, dass niedrige Steuern die Wirtschaft beleben liegt auch, dass die Wirtschaft umso mehr floriert, je geringer die Staatsquote ist. Denn dann haben die Konsumenten und Unternehmer einen höheren Anteil am Bruttoinlandsprodukt, können also mehr ausgeben und investieren und so die Wirtschaft beleben. Ja, es wird sogar argumentiert, dass dann wegen dieses erhöhten Wachstums auch die Steuereinnahmen sich erhöhen, so dass die Staatsausgaben gar nicht in dem Umfang reduziert werden müssten, wie die Steuersenkungen ausmachen.

Nach Wikipedia besteht dagegen >>keine Einigkeit bei Vertretern der Wirtschaftswissenschaften, ob eine niedrige Staatsquote auch generell zu höherem Wirtschaftswachstum führt. So führen Kritiker einer niedrigen Staatsquote die skandinavischen Länder an, welche zwar eine Staatsquote von teilweise über 50 % haben, dafür aber auch einen überdurchschnittlich hohen Lebensstandard vorweisen.[31] Bislang liegt keine Untersuchung vor, die einen eindeutigen Zusammenhang von Staatsquote und Wachstum belegen konnte.[32] <<[33]

>>Steigende Staatsquoten werden durch das Wagnersche Gesetz beschrieben. Einen Erklärungsversuch bietet die Peacock-Wiseman-Hypothese. Eine weitere Erklärung wird durch das Budgetmaximierungsmodell von Niskanen geleistet.

Das Popitzsche Gesetz postuliert einen Zusammenhang zwischen steigender Staatsquote und steigendem Anteil des Zentralstaats an den Gesamtstaatsausgaben. In diesen Zusammenhang gehört auch das Modell der Baumolschen Kostenkrankheit.

Ein weiterer Erklärungsansatz ist die Bezeichnung staatlicher Leistungen als sogenannte „superiore Güter". Diese zeichnen sich dadurch aus, dass deren Konsum mit steigendem Einkommen zunimmt. Steigt die Nachfrage schneller als das Einkommen, so nehmen die Ausgaben für diese Güter nicht nur absolut, sondern auch relativ gemessen an den Gesamtausgaben zu.

Des Weiteren wird auch die fiskalische Illusion diskutiert. Sie besagt, dass Bürger, ohne die Konsequenzen absehen zu können, Regierungen wählen, die hohe Staatsausgaben tätigen. Das spiegelt sich wiederum in einem immer komplexer werdenden Steuersystem wider, welches die tatsächlichen finanziellen Lasten verschleiern soll.

Das Brecht'sche Gesetz hingegen findet eine Erklärung in der stets zunehmenden Urbanisierung. Die staatlichen Leistungen fallen in Städten tendenziell höher aus, als auf dem Land. Mit zunehmendem Anstieg der Stadtbevölkerung müssen also auch die Staatsausgaben noch stärker wachsen.

Eine weitere, besonders in der westlichen Welt nicht zu unterschätzende, mögliche Erklärung bietet der demographische Wandel. Mit zunehmender Überalterung der Bevölkerung steigen die staatlichen Leistungen, die die damit einhergehenden

---

[29] Europäische Union: Staatsquoten in den Mitgliedsstaaten im Jahr 2014, China: Staatsquote von 2005 bis 2015

[30] Zit. nach https://de.wikipedia.org/wiki/Staatsquote

[31] Deutschland auf dem Weg in den Sozialismus. In: . 11. Januar 2010.

[32] Wie hoch soll die Staatsquote sein? In: Die Zeit. 26. Juni 2007.

[33] Zit. nach https://de.wikipedia.org/wiki/Staatsquote

finanziellen Konsequenzen decken, wie z. B. Absicherungsmaßnahmen gegen Altersarmut, Renten- und Gesundheitsleistungen. [34] <<[35]

Diese Erklärungen mögen eine gewisse Bedeutung haben, warum der Staat seine Ausgaben erhöht hat. Sie erklären aber nicht die eigentliche Bedeutung, die die Höhe der Staatsausgaben für die volkswirtschaftliche Nachfrage hat. Denn je mehr sich aufgrund der immer ungleicher werdenden Vermögens- und insbesondere als Folge davon *Einkommens*verteilung die Möglichkeiten der Konsumausgaben für die unteren Einkommensschichten verringern und damit auch die Anreize für Investitionen wegfallen, umso wichtiger werden die Staatsausgaben, um keine Nachfragelücke entstehen zu lassen zwischen dem volkswirtschaftlichen Angebot und der volkswirtschaftlichen Nachfrage.

In der Staatsquote sind ja auch enthalten die Transferleistungen an untere Einkommensschichten, die ebenfalls weitestgehend unmittelbar als Nachfrage wirksam werden. Aus dieser Notwendigkeit ist auch verständlich, warum Steuersenkungsaktionen, wie die von Ronald Reagan in den USA und jetzt wieder durch Donald Trump in den USA, nur deswegen zu einem Wirtschaftswachstum führten, weil sie parallel gingen mit steigenden schuldenfinanzierten Staatsausgaben. Es ist daher von einer Senkung der Staatsquote nur dann eine Belebung der privaten Nachfrage zu erwarten, wenn sie einhergehen mit Steuersenkungen für untere Einkommensschichten. Für die gesamte volkswirtschaftliche Nachfrage ändert sich dadurch aber nichts, weil die Staatsausgaben im gleichen Umfang sinken, wie die privaten Ausgaben zunehmen. Soweit aus den Steuersenkungen sogar noch gespart wird, kann ein Restnachfrageausfall bleiben.

Bei Reduzierungen der Staatsausgaben für Steuersenkungen für oberer Einkommensschichten würde es zu Depressionen kommen. Man stelle sich einmal vor, die Staatsausgaben inklusive der darin enthaltenen Transferzahlungen würden drastisch gekürzt zu Gunsten von Steuersenkungen für die oberen Einkommensschichten, dann würde die volkswirtschaftliche Sparrate noch weiter steigen und die Wirtschaft in einer Depression landen. Entsprechend ist eine Wirtschaftsbelebung in einer Zeit, in der so viel Kapital angeboten und so wenig realwirtschaftlich investiert wird, dass der Zinssatz sich nahe 0 % bewegt, nur zu erwarten durch höhere Staatsausgaben finanziert mit Steuermehreinnahmen von höheren Einkommensschichten.

VIII. Die Illusion, dass Staatsschulden zurückgezahlt werden können, und ihre Folgen

Staatsschulden gelten als ein Übel. Als gängiges Argument wird dazu gesagt, man dürfe zukünftige Generationen nicht mit den Schulden der gegenwärtigen Generation belasten.

---

[34] Berthold Wigger: Grundzüge der Finanzwissenschaft. Springer, Heidelberg 2006, ISBN 3-540-28169-X, S. 9–11

[35] Zit. nach https://de.wikipedia.org/wiki/Staatsquote

Dieses Argument ist natürlich Unsinn. Denn die zukünftigen Generationen erben nicht nur die Schulden, sondern auch die Forderungen der gegenwärtigen Generation. So, wie sich in der gegenwärtigen Generation Schulden und Forderungen saldieren, so auch in den folgenden Generationen.

Im Übrigen, warum sind denn Staatsschulden entstanden? Weil der Staat einen Teil seiner Ausgaben nicht durch Steuereinnahmen, sondern durch Kreditaufnahmen finanziert hat. Hätte er höhere Steuern verlangt, dann würden vor Allem die Reichen damit belastet worden sein, die bevorzugt auch die Staatsschulden zeichneten. Wenn in der nächsten Generation die Schulden wirklich zurückgezahlt würden, dann würden primär auch wiederum die Reichen mit den Steuern belastet zur Zurückzahlung der Schulden. Denn von Armen können aus sozialpolitischen, aber auch aus praktischen Gründen kaum Steuern für Schuldenrückzahlungen erhoben werden.

Bei zu hohen Staatsschulden wird insbesondere eine Überschuldung befürchtet und die Gefahr eines Staatsbankrotts. Diese Gefahr wächst mit steigender Staatsverschuldung und sie hat, wie am Beispiel folgender Länder dargestellt wird, ein erhebliches Ausmaß erreicht, und zwar, wenn wir den Extremfall Japan betrachten, bis zu 236 % des Bruttoinlandsproduktes.

Land	Verschuldung in Prozent des Bruttoinlandsprodukts		
	Jahr 2008	Jahr 2012	Jahr 2018
Deutschland	65	78	60
Frankreich	69	89	96
UK	50	86	86
Italien	102	123	131
Spanien	39	84	97
Portugal	72	126	121
Griechenland	109	156	191
Niederlande	54	66	54
Belgien	93	104	101
Ireland	42	120	67
Dänemark	33	46	36
Schweden	37	37	38
Finnland	33	53	61
Polen	46	54	51
USA	74	102	108
Japan	183	237	236

[36]

Einen besonderen Schub erfuhr die Staatsverschuldung weltweit während der Wirtschafts- und Finanzkrise ab 2008. Gerhard Illing schreibt: >>Im Zeitraum von 2008 bis 2015 prognostiziert der IMF für die Industriestaaten einen Anstieg der Schuldenquote um insgesamt ca. 37,1 Prozentpunkte. Davon führt er 21,5 Prozentpunkte auf den Einnahmenausfall zurück. Im Vergleich dazu fällt der Beitrag aktiver fiskalpolitischer Stimulierungsmaßnahmen (6,4 Prozentpunkte) und der bislang angefallenen effektiven Ausgaben zur Stützung des Finanzsektors (1,9 Prozentpunkte) zum Anstieg der Schuldenquote vergleichsweise verhalten aus.

---

[36] IMF, World Economic Outlook Database, April 2018, 5. Report for Selected Countries and Subjects

Allerdings herrscht zwischen den einzelnen Ländern eine große Heterogenität. Die Kosten der Rettung des Bankensektors machen sowohl in Irland als auch in Island jeweils mehr als 40 Prozentpunkte des Anstiegs der Schuldenquote aus. <<[37] Die deutsche Staatsverschuldung erhöhte sich um 236 Mrd. €. >> Dies schlug mit 8,1 Prozent des aktuellen BIP zu Buche.<<[38] Aber können Schulden überhaupt zurückgezahlt werden und, wenn ja, wie?

Nach dem *Sayschem Theorem* entstehen im Zuge der Wirtschaftstätigkeit genauso viele Ansprüche in Form von Einkommen, Renten und Steuern, wie dem Wert der Summe der hergestellten Produkte und Dienstleistungen entspricht. Würde die Öffentliche Hand, um Schulden zurückzahlen, Steuereinnahmen nicht ausgeben und in Höhe ihres Anteils am Sozialprodukt keine Waren und Dienstleistungen erwerben, dann müssten, damit das Gleichgewicht von volkswirtschaftlichem Angebot und volkswirtschaftlicher Nachfrage nicht gestört wird, die Gläubiger die erhaltenen Rückzahlungen ihrerseits für zusätzliche Ausgaben verwenden.

Es ist jedoch davon auszugehen, dass die Gläubiger in der Regel ihren Konsum ausreichend decken. Deshalb müssten die freien Mittel realwirtschaftlich investiert werden. In unserer Zeit ist aber genügend Kapital auf dem Markt, wie auch das Zinsniveau (Preis für Kapital) von nahezu 0 % oder sogar ein negativer Zinssatz zeigen. Das heißt: wir haben zurzeit einen riesigen Anlagedruck. Deswegen würden die zurückgezahlten Staatsschulden kaum ausgegeben und die volkswirtschaftliche Nachfrage in Höhe der zurückgezahlten Kredite zurückgehen mit depressiven Wirkungen auf die Wirtschaft. Als Folge davon werden Produktion und Dienstleistungen zurückgefahren, wodurch Einkommen und Ausgaben weiter sinken.

Staatsschulden können also nur zurückgezahlt werden, wenn sie volkswirtschaftlich ausgabenneutral sind, das heißt, es muss sichergestellt sein, dass entweder

- die Gläubiger die zurückgezahlten Schulden für Investitionen oder Konsumzwecke ausgeben und dies möglichst in der gleichen Volkswirtschaft, in der die öffentlichen Ausgaben zur Schuldentilgung reduziert werden, oder
- es müssten diejenigen mit zusätzlichen Steuern und Abgaben belastet werden, denen die Kreditrückzahlungen zufließen.

Ersteres ist wegen des hohen volkswirtschaftlichen Sparvolumens – nicht zuletzt aufgrund der immer ungleicher werdenden Vermögens- und Einkommensentwicklung – im Verhältnis zu gewinnbringenden realwirtschaftlichen Investitionen oder, weil die Kapitalgeber spekulative Kapitalmarktspiele vorziehen, nicht zu erwarten.

Für eine höhere Belastung der Vermögenden würden sich hohe Erbschaftssteuern und/oder eine Vermögensabgabe anbieten, die auch über mehrere Jahre abgezahlt werden könnten.

---

[37] Gerhard Illing: *Staatsverschuldung und Finanzkrise – Wechselwirkungen und Krisenpotenziale* http://www.sfm.econ.uni-muenchen.de/forschung/staatsverschuldung.pdf, S.23
[38] https://deutsche-wirtschafts-nachrichten.de/2015/04/05/banken-rettung-kostet-deutsche-steuerzahler-236-milliarden-euro/. Die Deutsche-Wirtschaftsnachrichten schreiben zwar: >> Banken-Rettung kostet deutsche Steuerzahler 236 Milliarden Euro.<< Tatsächlich handelt es sich aber zunächst um eine Erhöhung der Staatsverschuldung. Ob diese Staatsverschuldung überhaupt einmal den Steuerzahlern weitergereicht wird, wird in der weiteren Abhandlung bezweifelt.

Natürlich können dabei unerwünschte Benachteiligungen und Nebeneffekte auftreten, die dann sozial abgefedert werden müssten. Auch in Bezug auf zu vererbende Handwerksbetriebe und Familienunternehmen sind Sonderbedingungen zu empfehlen.[39]

Vor Steuererhöhungen schrecken die Politiker meist zurück, zum Teil wegen der politischen Macht der Vermögenden, aber auch aus Befürchtungen, dass Vermögende und Unternehmer in Steueroasen abwandern.

Länder, wie Deutschland, die über extrem hohe Exportüberschüsse Nachfrage ins Ausland verlagern und damit diesen die depressiven Wirkungen aus zu geringerer Nachfrage nach Inlandsprodukten zuschieben, können sich nicht nur eine „schwarze Null" leisten, sondern darüber hinaus auch bis zu einem gewissen Grade Schulden zurückzahlen. Aber was bedeuten Forderungen nach Schuldenabbau für ein Land wie Griechenland? Die Wirtschaft *musste* zusammenbrechen mit der Folge, dass, wie die Tabelle zeigt, die Verschuldung Griechenlands noch weiter ansteigt.

In der Privatwirtschaft haben überschuldete Unternehmen nur dann wieder eine Chance, am Wirtschaftsleben teilzunehmen, wenn sie im Rahmen von Vergleichsverhandlungen oder durch Bankrott ihre Schulden loswerden oder zumindest soweit verringern können, dass ein Weiterleben der Unternehmen gesichert ist. Gläubiger solcher Unternehmen erkennen in der Regel an, dass es besser ist, auf einen Teil der Schulden zu verzichten und sich damit den Lieferanten oder Kunden zu erhalten oder, weil sie durch einen Bankrott noch mehr verlieren würden. Diese Erkenntnis gilt auch für Staaten. Zu Recht fordert der *IWF Internationale Währungsfonds* für Griechenland einen Schuldenschnitt und handelt Deutschland unverantwortlich, dass es diesen Schuldenschnitt verhindert.

Nun ist Griechenland ein besonders schwieriger Fall. Angelos Kotios, Universität von Piräus, schreibt: >> Die hohe Staatsverschuldung Griechenlands hat viele Ursachen. Diese sind hauptsächlich die Schattenwirtschaft, die Steuerhinterziehung, die komplizierte Steuergesetzgebung, die Ineffektivität des Steuerapparates, die Vetternwirtschaft, die hohen Staatszuschüsse an die Pensionskassen und eine Ausgabenneigung des griechischen politischen Systems. Anstatt diese chronische, immer noch existierende Pathogenität effektiv zu bekämpfen, konzentrierte sich die Fiskalkonsolidierung lediglich auf Steuererhöhungen und Ausgabenkürzungen. Dadurch wurde die Gesamtnachfrage gesenkt und ein rezessiver Teufelskreis in Gang gesetzt, der zu weiteren Sparmaßnahmen zwingt.

Eine weitere Ursache der griechischen Krise liegt in der mangelnden Wettbewerbsfähigkeit Griechenlands, deren Stärkung ein wesentliches Ziel der Anpassungsprogramme war. Die eingesetzten Mittel waren hauptsächlich die Senkung der Lohnkosten, Reformen des Arbeitsmarktes und des öffentlichen Dienstes, die Liberalisierung einiger Berufe und Privatisierungen. Dabei zeigt sich, dass dieser Ansatz die Wettbewerbsfähigkeit und die Standortbedingungen nicht verbessert hat, denn es gibt viele tiefere politische und institutionelle Ursachen der mangelnden Wettbewerbsfähigkeit Griechenlands wie Bürokratie, Korruption, Überregulierung, Rechts-

---

[39] ausführlicher in meinen Publikationen zuletzt: *Segen und Opfer der Globalisierung. ...*, a. O., S. 218ff.

unsicherheit, geschlossene Güter- und Dienstleistungsmärkte, Staatsoligopole, unterentwickelte Kapitalmärkte usw. Hinzu kommen die strukturellen Ursachen wie die schwache und beschränkte Produktionsbasis, ihre Orientierung an der Binnennachfrage und das Fehlen einer dynamischen Exportstruktur, mangelnde Innovationskraft, ein aufgeblähter und introvertierter Dienstleistungssektor (mit Ausnahme des Tourismus und des Seetransports), eine schwache Unternehmensstruktur usw. Demzufolge waren die Maßnahmen nicht in der Lage, die tieferen und vielfältigen Ursachen der defizitären Wettbewerbsfähigkeit Griechenlands substanziell zu verbessern. Somit blieb die erwartete Ankurbelung der Wirtschaft durch eine Zunahme der Exporte – als Folge von Lohnsenkungen – und durch das Anlocken von Direktinvestitionen aus. Während die Anpassungsprogramme implementiert wurden, haben sich die Standortbedingungen und die Wachstumsperspektiven des Landes durch neue politische und makroökonomische Instabilitäten, soziale Spannungen, Liquiditätsmangel, Pessimismus, wachsende Besteuerung und Massenexodus von Humankapital sogar verschlechtert. Insgesamt hat sich die Anpassungspolitik Griechenlands zu sehr auf kurzfristige Ziele der Konsolidierung der Staatsfinanzen und zu wenig auf die strukturellen und ordnungspolitischen Schwächen und Defizite der realen Wirtschaft konzentriert. Alle bisherigen Anpassungsmaßnahmen waren prozyklisch und es fehlt immer noch an einer konvergierten nationalen Struktur- und Wachstumsstrategie im Rahmen einer integrierten marktwirtschaftlichen Reform. <<[40]

Diese wirtschaftlichen Defizite wären natürlich mit einem einfachen Schuldenschnitt nicht zu beseitigen. Insofern ist es richtig, dass Griechenland zu Reformen und Strukturverbesserungen gezwungen wurde, die schon wegen der Vielseitigkeit der Probleme nur schmerzlich sein konnten. Einfache Hilfen hätten den Schlendrian nur fortgesetzt und die dafür aufgewandten Gelder wären verpufft. Trotzdem kommt die Wirtschaftspolitik nicht darum herum anzuerkennen, dass Staatsschulden sich nicht einfach zurückzahlen lassen und im Falle von Staatsbankrotts Schuldenschnitte erforderlich sind. Deswegen hätte von Anfang an Griechenland ein Schuldenschnitt zugesichert werden müssen, wenn es die geforderten Reformen und Strukturverbesserungen durchführt.

Was für Griechenland gilt, gilt natürlich auch für andere konkursgefährdete europäische Staaten.

Die immer weiter steigenden herumvagabundierenden Staatsanleihen bilden eine ständige Gefahr für Staatsbankrotts und damit für Wirtschafts- und Währungsturbulenzen. Wenn sie aber schon nicht durch höhere Steuern und Abgaben von denen, die auch die Gläubiger der Staatsanleihen sind, zurückgezahlt werden können, dann muss jede Möglichkeit genutzt werden, herumvagabundierende Staatsanleihen durch Schuldenschnitte aus der Welt zu schaffen.

Wie in der Privatwirtschaft dürften deswegen Insolvenzen, auch bei Staatsbankrott und Bank-Zusammenbrüchen, nicht verhindert werden. Sie ermöglichen den

---

[40] Angelos Kotios: *Griechenland: Wahre Ursachen der Krise*,
https://archiv.wirtschaftdienst.eu/jahr/2017/6/griechenland-wahre-ursachen-der-krise/

Staaten und Banken einen Neuanfang und reduzieren auf natürliche Weise die generelle Verschuldung.

Natürlich müssten soziale Härten und die Zerstörung von lebensfähigen Unternehmen abgefedert werden. In Konkurs gehende Banken sollten zum Konkurswert verstaatlicht und mit Krediten der Europäischen Zentralbank oder etwaiger Rettungsfonds zwischenfinanziert werden, bis diese Kredite aus Gewinnen zurückgeführt und die Banken dann auch wieder privatisiert werden können.

Die Verluste aus den Bank-Konkursen hätten natürlich primär die Kapitaleigner tragen müssen wie in einer Marktwirtschaft üblich. Sie hätten primär die Vermögenden getroffen. Bankguthaben von Privaten und Unternehmen hätten bis zu einem festzusetzenden Höchstbetrag, der die Sparer und Unternehmen nicht gefährdet, durch Sonderkredite der Zentralbank gedeckt werden müssen, die dann durch laufende Gewinne wieder hätten zurückgeführt werden müssen.

Selbstverständlich hätten die notwendigen Schuldenschnitte schmerzliche Anpassungen auch der anderen europäischen Länder ausgelöst. Da sich die übrigen europäischen Banken, auch die der Industrieländer, mit notleidend gewordenen Staatsanleihen aus Griechenland und anderen südeuropäischen Ländern vollgesogen hatten, hätten diese erhebliche Verluste hinnehmen müssen, bis hin zum Zusammenbruch einiger Banken. Auch diese Banken hätten dadurch ihre notleidenden Verbindlichkeiten verloren. Sie hätten ebenfalls zum Konkurswert von der öffentlichen Hand übernommen, mit Unterstützung der Staaten und der Europäischen Zentralbank aufgefangen und neu finanziert werden müssen, und wären erst nach ihrer Sanierung wieder privatisiert worden.

Wie haben die europäischen Länder stattdessen versucht, die Euro-Krise zu lösen?

Soweit in geringerem Umfang Schuldenschnitte ermöglicht wurden, wurde dafür gesorgt, dass sie primär Private der betreffenden Länder trifft und nicht die übrigen europäischen Länder.

Ansonsten haben sie den konkursgefährdeten Ländern Gelder zur Verfügung gestellt, mit denen fällige Staatsschulden bedient werden konnten. Damit haben sie direkt oder indirekt über die *Europäische Zahlungsbank* selbst in Höhe der fälligen Staatsanleihen Kredite gewährt und das Risiko ihres Ausfalls übernommen. Die hohen Schulden und die darauf fälligen Zinsen verblieben somit bei den konkursgefährdeten Ländern.

In Höhe der im Rahmen der sogenannten Sanierungen weiterhin zu leistenden Rückzahlungen wurde die wirtschaftliche Erholung der Länder nicht nur behindert, sie wurde sogar vergrößert. Denn, soweit diese aus laufenden Einnahmen zu tätigen sind und an ausländische Gläubiger oder an Gläubiger gehen, die die Rückzahlungen nicht selbst wiederum im Inland ausgeben, erhöht sich entsprechend dem Sayschem Theorem die inländische Nachfragelücke und als Folge davon wird das Angebot reduziert. So dreht sich die depressive Schraube weiter. Am Beispiel Griechenland ist diese Entwicklung zu verfolgen.

Da der Schuldenberg weiter bleibt, bleibt auch die Konkursgefahr, die Unternehmen von Investitionen abhält und flieht das Kapital aus diesen Ländern.

Solange die Illusion, dass öffentliche Schulden zurückgezahlt werden können, nicht aufgegeben wird und wie in der Privatwirtschaft Überschuldungen durch Vergleiche und Konkurse bereinigt werden, ist mit einer wirtschaftlichen Erholung der Länder nicht zu rechnen, bleiben sie in ständiger Konkursgefahr und leiden darunter auch die übrigen europäischen Länder. Wären seinerzeit die Schulden der südeuropäischen Länder gestrichen worden, hätten wir heute nicht wiederum wirtschaftliche Turbulenzen infolge wirtschaftlichen Zusammenbruchs Italiens zu befürchten.

IX. Die Illusion, dass das Geld durch Gold und Wertpapiere gedeckt sein muss, und ihre Folgen

Die Krisenbekämpfung und die Entwicklung der Wirtschaft wird auch durch die Illusion behindert, dass Geld durch Gold oder Wertpapiere gedeckt sein müsse. Diese Illusion ist eine Folge der Entstehungsgeschichte des Geldes. Ursprünglich tauschen die Händler Waren gegen Waren. Dadurch war natürlich nur bedingt ein Warenaustausch möglich. Denn, wenn ein Anbieter von beispielsweise Rindern dafür Pferde eintauschen wollte, ein an Rindern Interessierter aber nur Schafe hatte, kam der Tausch nicht zustande.

Als allgemeines Tauschmittel boten sich Gold und Silber an, die auch als Werte für sich geschätzt wurden. Da sich Metalle im überregionalen Handel schwerer transportieren ließen und auch durch Diebstahl gefährdet waren, wurden sie mehr und mehr durch Schuldscheine ersetzt, die jederzeit in Gold und Silber rückgetauscht werden konnten. In dem Maße, in dem der Warenaustausch schneller wuchs, als die Gewinnung von Gold und Silber, nahm die Bezahlung mit Schuldscheinen zu und eröffnete die Möglichkeit, in immer größerem Umfange Papiergeld zur Zahlungszwecken herauszugeben.

Trotzdem wurde an dem illusionären Glauben festgehalten, dass das umlaufende Papiergeld durch Gold gedeckt sein müsse. Die Folge war, dass, wenn sich die Goldmenge der Staatsbanken nicht erhöhte, auch die Geldmenge nicht entsprechend dem Liquiditätsbedarf erhöht werden durfte, der Liquiditätsbedarf der Wirtschaft somit eingeschränkt und die Wirtschaftsentwicklung abgewürgt wurde. So kaufte beispielsweise in der Zwanzigerjahre >>Frankreich massiv Gold auf, um die Geldmenge des Franc entsprechend dem Bedarf der französischen Wirtschaft zu erhöhen. [[41]] <<[42]

Aber es gab auch die umgekehrte Entwicklung. Als Gold und Silber durch den Gold und Silberraub der Spanier in Lateinamerika oder durch sogenannte *Kriegsentschädigung*, wie nach dem Deutsch-Französischen Krieg 1870/71, große Goldmengen ins Land strömten, kam es zu wirtschaftlichen Überhitzungen, weil aufgrund der zusätzlichen Edelmetall-Reserven die Notenbanken die Geldmenge schneller steigerten, als es der Liquiditätsbedarf der Wirtschaft erforderte. Die Folge war: inflationären Tendenzen.

---

[41] Barry Eichengreen: Golden Fetters: *The Gold Standard and the Great Depression, 1919–1939*, Oxford University Press, 1992, ISBN 0-19-510113-8, S. 4 ff.
[42] https://de.wikipedia.org/wiki/Goldstandard

Spätestens nach dem Zweiten Weltkrieg, als die europäischen Länder ihre Goldreserven weitgehend verloren hatten, stellte sich dann heraus, dass Währungen auch dann ihre Zahlungsfunktionen erfüllen, wenn sie nicht durch Gold gedeckt sind. Für den amerikanischen Dollar, der sich zur Weltwährung entwickelt hatte, wurde nach dem *Bretton Woods Abkommen* zwar die Golddeckung noch weiterhin aufrechterhalten. >>Ständige US-Leistungsbilanzdefizite mussten jedoch irgendwann das Vertrauen in den Dollar untergraben. [43] Dieses System endete 1973. Am 15. August 1971 hob US-Präsident Richard Nixon die Bindung des Dollar an Gold auf (Nixon-Schock). <<[44]

Wie die weitere Entwicklung bis heute zeigt, hat diese Aufhebung des Goldstandards der Wertschätzung des US Dollars nicht geschadet. Zwar haben die USA und auch die europäischen Notenbanken wieder Goldbestände. Aber diese lagern in Tresoren und haben für die Geldversorgung so gut wie keine Bedeutung. Oder hat sich die europäische Zentralbank, als sie damit begann, die Geldmenge um monatlich bis zu 80 Mrd. € zu erhöhen, an ihren Goldbeständen orientiert?

Den Versuchen, durch eine enorme Erhöhung der Geldmenge eine Depression zu verhindern und Investitionen anzuregen, fiel auch noch eine weitere Illusion zum Opfer: der Glaube, dass eine Geldmengenerhöhung automatisch zu einer Inflation führt.

Dabei wurde Geldschöpfung mit zusätzlicher volkswirtschaftlicher Nachfrage nahezu gleichgesetzt wurde. Daraus resultieren dann die Theorien, dass Geldschöpfung, soweit sie über den realwirtschaftlichen Zahlungsbedarf hinausgeht, automatisch zusätzliche Nachfrage ist und damit Inflation bedeutet. Dieser Glaube wurde noch vor wenigen Jahren von Wirtschaftlern als wissenschaftliche Erkenntnis verkauft.

Unterbewertet wird dabei:
1. wie weit das zusätzliche Geld unteren Einkommensschichten zufließt, die es bevorzugt für Konsumausgaben verwenden, und wie weit es Vermögenden, die es weitgehend sparen,
2. der Liquiditätsbedarf, insbesondere der Kapitalmarktspieler, der ein Vielfaches des realwirtschaftlichen Liquiditätsbedarfes ist, und
3. die Tatsache, dass auch in Währung investiert wird, und zwar je anerkannter eine Währung ist, umso mehr. Es wurde nicht gesehen, dass Liquidität für sich einen Wert hat. Das heißt: Unternehmen und Private müssen nicht unbedingt Gold anhäufen, es reicht, wenn sie Geld horten, um inflationären Wirtschaftsentwicklungen zu begegnen.

Nach wie vor wird Geld aber als ein *Schuldschein der Notenbank* behandelt, der nicht unbedingt mehr durch Gold gedeckt werden muss, wohl aber stattdessen durch werthaltige Sicherheiten.

Geld ist jedoch kein Schuldschein, sondern ein *Produkt* des Staates, das als Zahlungsmittel verwendet wird. In uralten Zeiten wurde auch mit Rindern und Schafen

---

[43] Gerhard Rübel: *Grundlagen der monetären Außenwirtschaft*, Oldenbourg Wissenschaftsverlag, 2009, ISBN 978-3-486-59081-4, S. 157 ff.
[44] https://de.wikipedia.org/wiki/Goldstandard

bezahlt, später mehr und mehr mit Edelmetallen, die dann noch später zu staatlichen Münzen geprägt wurden.

Schon mit der Münzprägung verband sich mit dem Wert des Edelmetalls die *Staatsautorität*, das heißt: In einer Münze wurde nicht nur der Metallwert, sondern auch die Staatsautorität gewertet. Mit der Herausgabe des Papiergelds, trat der dadurch repräsentierte Metallwert immer mehr in den Hintergrund und spielt heute bei der Bewertung von Währungen so gut wie keine Rolle mehr. Ein Papiergeldschein ist genauso ein Produkt, wie eine Versicherungspolice, eine Baugenehmigung oder ein Kraftfahrzeugschein.

Der Wert des Geldes bestimmt sich einerseits nach der Bedeutung und Mächtigkeit des Staates, der das Geld zur Verfügung stellt, und andererseits wie bei allen Waren nach seiner relativen Knappheit. Letzteres galt auch schon für reine Metallwährungen.

Da in der Geld- und Wirtschaftstheorie jedoch an der Fiktion eines Substanzwertes des Geldes, festgehalten wird, das heißt, dass das Geld durch einen materiellen Wert gedeckt sein müsse, und der Produktcharakter des Geldes nicht erkannt wird, wird Geld wie ein Schuldschein behandelt.

Die Notenbanken sind der Währungsstabilität verpflichtet und haben insoweit eine unabhängige Entscheidungsgewalt. Sie sind aber dennoch ein Teil des Staates. Wenn sie den Geschäftsbanken Notenbank-Geld zur Fügung stellen, dann verlangen sie dafür Sicherheiten und als bevorzugte Sicherheiten gelten Staatsanleihen.[45]

Insoweit die Notenbanken Staatsanleihen halten, finanzieren sich somit die Staaten selbst. Die auf die Staatsschulden fälligen Zinsen fließen ihnen auch wieder über die Ausschüttungen der Notenbanken an die Staaten zurück. In Höhe der von den Notenbanken gehaltenen Staatspapiere saldieren sich Schulden und Guthaben, existiert eine Nettoverschuldung der öffentlichen Hand also gar nicht. Trotzdem werden die von den Notenbanken gehaltenen Staatsanleihen auch als Staatsschulden gerechnet.

Würde das vom Staat zur Fügung gestellte Geld als ein Produkt des Staates anerkannt, dann würde sich in gleichem Umfang die Staatsverschuldung reduzieren.

Eine solche Geldbewertung würde auch der Volkswirtschaftlichen Gesamtrechnung entsprechen. Denn, welche Wirkung hat die Erhöhung der Geldmenge für die volkswirtschaftliche Angebots- und Nachfragebilanz?

Wie bereits erwähnt, müssen im wirtschaftlichen Gleichgewicht alle Produkte und Dienstleistungen einer Periode gekauft werden aus der Summe der Ansprüche, die im Zuge der Produktion von Gütern und Dienstleistungen entstehen. Soweit Einkommensbezieher aber *Geld* kaufen und Geld horten, wenn auch nur, um ihre Liquidität zu erhöhen, fehlen diese Einkommensanteile als volkswirtschaftliche Nachfrage. Wird Geld aber als Produkt der Staaten anerkannt, dann wachsen den Staaten in Höhe der Netto-Geldvermehrung Einnahmen zu, die dann anstelle der Käufer von Liquidität ausgegeben werden können.

---

[45] An sich ist diese Annahme unberechtigt, weil der Staat unter normalen Gegebenheiten seine Schulden nicht zurückzahlen kann und die Rückzahlungsfähigkeiten von der Refinanzierungsmöglichkeit abhängt, also von den „Märkten" selbst.

Werden somit die heutigen Verbindlichkeiten für herausgegebenes Geld in den Notenbanken-Bilanzen in *verkaufte Waren* umgewandelt, würden die nationalen Notenbanken in die Lage versetzt, in Höhe der Geldschöpfung Staatsschulden zu vernichten.

Dem Produktcharakter des Geldes Geltung zu verschaffen, hat sich die sogenannte *Vollgeldinitiative* zum Ziel gesetzt. Im Juni 2018 gab es dazu sogar eine Volksabstimmung in der Schweiz, die eine Umstellung auf Vollgeld, das heißt, die Anerkennung des Produktcharakters des Geldes verfolgt. Leider stimmten nur 25 % der Wahlberechtigten für die Umstellung.

Vollgeld heißt diese Initiative auch deswegen, weil sie zusätzlich den Geschäftsbanken die Möglichkeit der Buchgeldschöpfung verbieten will.

Bisher brauchen Banken nur so viel Notenbank-Geld, wie die Gefahr besteht, dass zugesagte Kredite zu Barauszahlungen führen. Soweit gewährte Kredite jedoch nur zwischen Banken zirkulieren durch Überweisung von einem Konto auf ein anderes, wird kein Bargeld benötigt. Man nennt die eingeräumten Bankkredite, durch die Zahlungsmöglichkeiten erhöht werden, deshalb Buchgeld. Die meisten Zahlungen sind Buchgeldzahlungen. Auch jede Bezahlung mit einer Kreditkarte oder Girokarte ist eine Buchgeldzahlung.

Bargeldeinlagen von Bankkunden und Sparguthaben sowie natürlich auch ihr Eigenkapital können die Banken somit mehrfach ausleihen. In kritischen Zeiten kann es jedoch vorkommen, dass die Kunden ihr Bargeld überstürzt abziehen, dann kommen Banken in Zahlungsschwierigkeiten. Um diese zu minimieren, verlangen die Notenbanken, dass ein Teil der Einlagen als sogenannte *Mindestreserve* bei den Notenbanken zu halten sind. Auch gibt es Vorschriften, um wie viele mal Kredite in Bezug auf das Eigenkapital der Banken ausgeliehen werden dürfen.

Die Vollgeld-Initiative[46] stört sich an der Möglichkeit der Buchgeldschöpfung durch die Banken und der damit bei Ihnen anfallenden Zinsen. Sie möchte erreichen, dass nur die Notenbanken Geld zur Verfügung stellen dürfen. Das würde bedeuten, dass die Banken nur in Höhe ihrer Barmittel, die sie durch Eigenkapital, private Einleger und Sparer oder von der Notenbank erwerben, Kredite gewähren können. Sie verspricht sich davon,

1. dass im Umfang des gesamten wirtschaftlichen Liquiditätsbedarfes d.h. inklusive des Buchgeldes, nur die Notenbanken Geld zu Verfügung stellen und daran verdienen und mit ihnen natürlich die beteiligten Staaten,
2. die Gefahr von Bankenkrisen erheblich verringert wird, denn nach dem gegenwärtigen System ist es so, dass bei Bankverlusten ein Vielfaches davon an Buchgeld aufgelöst werden müsste, die Liquidität der Wirtschaft somit stärker gefährdet wäre, als wenn die Banken nur so viel ausleihen, wie sie selbst an Geld einnehmen.

Ein völliges Verbot der Buchgeldschöpfung würde voraussichtlich die Flexibilität notwendiger Geldschöpfung und ausreichende Erträge für die Banken zu stark beeinträchtigen. Um die Gefahr von Bankzusammenbrüchen einzuschränken, dürfte es reichen, die heute ohnehin sehr geringen Mindestreserve-Sätze (in Deutschland

---

[46] https://www.vollgeld-initiative.ch/

zurzeit ein Prozent) und die Höhe des von Banken vorzuhalten Eigenkapitals im Verhältnis zu den ausgeliehenen Krediten (zurzeit 8 %) zu erhöhen. Durch eine Erhöhung der Mindestreservesätze, würde sich auch die umlaufende Notenbank-Geldmenge zulasten der Buchgeldschöpfung erhöhen und würden damit den Staaten zusätzliche Mittel zufließen.

B. Die Überwindung der politischen Illusionen und deren Folgen durch eine verantwortliche Europapolitik

Mit der rasanten wirtschaftlichen und gesellschaftlichen Entwicklung der letzten 100 Jahre wuchs auch das Konfliktpotenzial in der Welt. Im Rahmen der Globalisierung der europäischen Wirtschaft und Gesellschaft wurden traditionelle Völkerschaften aus ihren überkommenen Gesellschaftsstrukturen herausgerissen. Die ungleiche Wirtschaftsentwicklung zwischen Industrieländern und Entwicklungsländern, aber auch Agrarländern und eine immer ungleicher werdende Vermögens- und Einkommensentwicklung in allen Ländern entlädt sich in den vielfältigen sozialen und religiösen Spannungen und löst riesige Flüchtlingswellen in der Welt aus.

Weltweit operierende Konzerne und sogenannte Globalplayer gewannen eine solche internationale Macht, dass sie von nationalen Regierungen kaum mehr gelenkt werden können, Schwellenländer streben zunehmend auch nach internationaler Macht und Atomwaffen, durch die sich die traditionellen Mächte bedroht fühlen. Die mit der industriellen Entwicklung verbundenen Umweltschäden, drohen die Welt zu vergiften und bewirken weltweite Klimaveränderungen mit unabsehbaren Folgen.

Das mit den herrschenden wirtschaftlichen und gesellschaftlichen Lehren verwachsene Establishment wehrt sich gegen seine Entmachtung und predigt weiterhin die bisher geltenden Erfolgsrezepte, die sich aber zunehmend als Illusionen erweisen. Ihre Lehren und Aktionen werden von den sogenannten sozial „Abgehängten" der Gesellschaft als Lügen wahrgenommen und provozieren Gegenpositionen und *alternative Fakten.*

Was wahr, was falsch ist, verschwimmt, die Rationalität der Argumentation löst sich auf. Es entsteht ein Nährboden für rechte, linke und utopische Trumps. Von ihnen initiierte populistische Strömungen erhalten Zulauf. Durch die Wahl Donald Trumps zum Präsidenten der Vereinigten Staaten von Amerika, der wie ein Kobold die etablierten Ordnungen zerstört, droht das Chaos weiter zu eskalieren.

Eine weitere Illusion wäre es jedoch zu glauben, dass die übrigen Mächte Trump einhegen und zu den traditionellen Verhaltensweisen zurückführen können. Denn Donald Trump wie auch die anderen Trumps sind das Ergebnis des Zerbrechens der bisherigen Weltordnung. Die etablierten Parteien und herrschenden Lehren beklagen das Zerbrechen des westlichen gesellschaftlichen und wirtschaftlichen Wertesystems. Sie müssen aber erkennen, dass das Wertesystem nicht zerbrochen ist, sondern die Form seiner Verwirklichung zu Perversionen geführt hat. Zur Überwindung der gesellschaftlichen und wirtschaftlichen Krise müssen die aus den europäischen Werten entwickelten Leitbilder neu definiert werden.

I. Leitbilder für eine europäische Außenpolitik

1. Stärkung des außenpolitischen Eigengewichts Europas insbesondere auch durch Verringerung der Abhängigkeit von den USA

Außenpolitisch ist die unberechenbare Politik Donald Trumps für Europa besonders gefährlich, weil Europa sich nicht mehr unbedingt auf die militärische Unterstützung und den atomaren Schirm der USA verlassen kann. Auch ist nicht ausgeschlossen, dass Donald Trump sich mit Wladimir Putin über den Kopf der übrigen Welt und auch Europas auf irgendeinen Interessenausgleich zwischen diesen beiden Supermächten zulasten anderer einigt. Zwar könnte eine Entspannung zwischen den USA und Russland den Weltfrieden fördern. Aber zu welchem Preis ist unsicher.

Man kann unterschiedlicher Meinung darüber sein, wieweit die NATO als Verteidigungsbündnis noch gebraucht wird. Sie wurde seinerzeit gegründet, um der Gefahr einer Ausdehnung des kommunistischen Blockes nach Westen zu begegnen. Trotzdem wurde die NATO nach dem Ende des Kalten Krieges nicht aufgelöst, sondern die militärischen Ausgaben wurden nur erheblich reduziert. Durch den Ukraine-Konflikt kam, insbesondere in den osteuropäischen Ländern, wieder ein Bedrohungsgefühl auf, das zu steigenden Militärausgaben Anlass gab.

Wie dargelegt wurde, dürfte die Angst vor einer Ausdehnung Russlands jedoch unberechtigt sein. Wenn aber dennoch eine Gefahr von Teilen der Bevölkerung und einzelnen Ländern gesehen wird und deswegen auf die Mitgliedschaft der USA und ihren Atomschirm nicht verzichtet werden soll, dann müssen die eigenen Verteidigungsanstrengungen der europäischen Staaten einen möglichen Wegfall der US-Unterstützung ausgleichen. Insbesondere Deutschland muss seinen im Verhältnis zum Bruttoinlandsprodukt geringen Verteidigungshaushalt erheblich erhöhen.

Europa darf sich nicht militärisch und politisch abhängig machen von Erpressungsversuchen der USA. Deswegen sollte die gemeinsame Verteidigung auch organisatorisch von den USA unabhängig gemacht werden in Form einer speziellen Europäischen Streitmacht, die es zwar erlaubt, dass jedes Land seine eigene eigenen Verteidigungskräfte unterhält, diese aber bei gemeinsamen Aktionen – auch im Rahmen der NATO – unter ein einheitliches Kommando gestellt werden können. Eine Intensivierung der militärischen Kooperation unter den europäischen Ländern fördert zweifellos auch die europäische Integration insgesamt.

Europa sollte zwar keine Ambitionen entwickeln, wie die USA als Weltpolizist aufzutreten, sondern überall versuchen, auf diplomatischem Wege zu Konfliktlösungen beizutragen. Dennoch können terroristische Gruppen, insbesondere in Afrika und Nahost, denen die lokalen Regierungen nicht gewachsen sind, militärisches Eingreifen erforderlich machen, soweit die USA dafür nicht mehr zur Verfügung stehen.

Dabei müssen nicht alle Aktionen von allen Ländern getragen werden. In einzelnen Situationen, je nach Bindung eines europäischen Landes zu einem bestimmten Konfliktherd, kann es sinnvoll sein, dass nur dieses Land allein oder mit Unterstützung einiger anderer militärisch eingreift, ein anderes europäisches Land aber versucht, eine Konfliktlösung zu moderieren. Insgesamt ist aber das politische Gewicht Europas – man mag das bedauern – auch für Friedenslösungen umso größer, je stärker Europa auch militärisch eingreifen *könnte*.

Wie weit die Verteidigungsausgaben erhöht werden müssen, sollte anhand des Bedrohungspotenzials und anderer gemeinsamer Aufgaben beurteilt werden. Vorrangig sollten zur Erhöhung des militärischen Potenzials die Rationalisierungsmöglichkeiten durch militärische Kooperation und gemeinsame militärische Ausrüstung ausgeschöpft werden.

Vordringlich, auch für Europa, ist die Befriedigung des Nahen Ostens und die Beendigung der Konflikte zwischen der Ukraine und Russland. Die Lösung beider Konflikte wird nicht nur durch unterschiedliche Interessen, sondern noch weit mehr durch Prinzipienreiterei blockiert und diese Blockaden betreffen die Politik Russlands, das die Schlüssel für die Lösung der Probleme in Syrien und in Bezug auf die Ukraine in der Hand hält. Russland wünscht genauso die Lösung dieser Konflikte.

2. Leitfaden für eine europäische Nahostpolitik

Europa hat sich im Nahostkonflikt zwar an der Bekämpfung des IS beteiligt, hat aber in Bezug auf eine Friedenslösung nur illusionäre Vorstellungen von einer Demokratisierung Syriens entwickelt. Unterschätzt werden insbesondere die Islamisten, die außer dem IS zum Teil in Kooperation mit säkularen Widerständlern gegen das Assad-Regime kämpfen, in ihrer Zielrichtung aber sich kaum vom IS unterscheiden und sich daher wohl nicht in eine demokratische Verfassung Syriens einbinden lassen werden.

Realistischer war die Politik Russlands. Russland sieht eine Befriedigung des Nahen Ostens nur durch eine Restaurierung des relativ säkularen international anerkannten Syrien. Syrien wird zwar von einer religiösen Minderheit, den Alawiten, dominiert. Die sunnitische Mehrheits-Religion wird zwar anerkannt, genauso wie andere Religionsgruppen ihren Glauben leben können und daher Assad unterstützen. Die aus der Mehrheit der Sunniten aber immer wieder hervorbrechenden islamistischen Widerstände gegen das etablierte Regime werden jedoch brutal unterdrückt.

Leider muss gefragt werden, ob gegenüber den Islamisten angesichts ihres Fanatismus, ihren atavistischen Gottesstaatsidealen und ihrer zumindest latent terroristischen Gewaltbereitschaft eine andere als die mit harter Hand überhaupt möglich ist? Was wäre aus Tschetschenien und Ägypten geworden, wenn Wladimir Putin und al Sissi nicht gewaltsam gegen die Islamisten vorgegangen wären, und zwar nicht nur für die Tschetschenen und Ägypter selbst, sondern auch für die übrige Welt?

Wie bereits erwähnt, muss bei der Beurteilung der Verhältnisse in diesen Ländern bewusst bleiben, dass beim Umsturz zwar andere Kräfte an die Macht kommen, erfahrungsgemäß aber die bisher Unterdrückten dann selbst zu gleichen oder sogar schlimmeren Unterdrückungsmaßnahmen greifen. Jedenfalls dürfte sich ein restauriertes Syrien eher zu einem säkularen und demokratischen System weiterentwickeln lassen, als ein Syrien, das von Islamisten beherrscht wird.

Deswegen sollte Europa zwar darauf hinwirken, dass der Assad-Clan spätestens nach einem Übergang abtritt. Im Prinzip ist aber eine Restaurierung des alten Syrien die bessere Variante, wozu offensichtlich auch Israel neigt und sich die USA bereitfinden. Allerdings sollten die Kurden ihre schwer erkämpften Autonomiegebiete behalten dürfen, zumal sie eine relativ säkulare Politik verfolgen.

In Bezug auf den Iran muss Europa, schon um glaubhaft zu bleiben, zwar an dem Iranabkommen festhalten, darf aber zugleich nicht die Augen davor verschließen, dass der Iran seine Raketenentwicklung forciert und politischen und religiösen Einfluss nimmt auf den Irak, Syrien, den Libanon, die Hamas im Gazastreifen und den Jemen, wodurch potentielle Konflikte mit Israel und Saudi-Arabien provoziert werden. Europa sollte deswegen die brutale Sanktionspolitik der USA, mit dem Donald Trump die Verhandlungsbereitschaft des Iran erhöhen will, diplomatisch nutzen.

Eine Schlüsselstellung im Nahostkonflikt hat die Türkei. Durch die von Ecip Erdogan verfolgten Träume von einer Wiederbelebung des Osmanischen Reiches und seinem dabei verfolgten engstirnigen türkischen Nationalismus wird er nicht nur ein Hemmnis, sondern zugleich eine Gefahr für den Frieden im Nahen und Mittleren Osten. Auch hier kann die Sanktionspolitik Donald Trumps dazu beitragen, dass er an einer Friedenslösung mitwirkt.

Angestrebt werden sollte, dass Erdogan wieder auf die Kurden zugeht und den einmal angefangenen Versöhnungsprozess fortsetzt. Leitfaden für die Lösung der Kurdenfrage könnten die Vorschläge sein, die der 2007 in der Türkei eingesperrte Kurdenführer, Abdullah Öcalan, an die internationale Konferenz „EU, die Türkei und die Kurden" schickte:

>>Die kurdische Frage sollte als grundlegende Frage der Demokratisierung behandelt werden, die kurdische Identität sollte gesetzlich und verfassungsmäßig garantiert werden. Ein bloßer Artikel in der neuen Verfassung mit dem Wortlaut „Die Verfassung der türkischen Republik erkennt die Existenz und den Ausdruck aller Kulturen auf demokratische Weise an" würde diese Forderung bereits erfüllen.

Linguistische und kulturelle Rechte sollten gesetzlichen Schutz erhalten. Es sollte keine Beschränkung für Radio, Fernsehen und Presse geben. Kurdische und anderssprachige Sendungen sollten denselben Regeln und Institutionen unterliegen wie türkische Radio- und Fernsehsendungen. Auch für kulturelle Aktivitäten sollten die gleichen Gesetze und Prozeduren gelten.

Kurdisch sollte als Schulsprache in Grundschulen Verwendung finden. Jeder, der dies möchte, sollte sein Kind auf solchen Schulen einschulen können. Auf Gymnasien sollten Unterrichtseinheiten über kurdische Kultur, Sprache und Literatur als Wahlfach angeboten werden. An Universitäten hingegen sollten Institute für kurdische Sprache, Literatur, Kultur und Geschichte eingerichtet werden.

Alle Hindernisse für die Meinungs- und Organisationsfreiheit sollten aufgehoben und sämtliche Bedingungen für freie politische Betätigung geschaffen werden. Auch bei Themen, die die kurdische Frage berühren, müssen diese Freiheiten ohne Einschränkungen gelten.

Die Parteien- und Wahlgesetze sollten demokratisiert werden und so garantiert werden, dass das kurdische Volk und alle demokratischen Kräfte sich nach eigenem Willen an der demokratischen Willensbildung beteiligen können.

Durch die Verabschiedung eines demokratischen Kommunalverwaltungsgesetzes sollte die Demokratie vertieft und ausgeweitet werden.

Das Dorfschützersystem und die illegitimen Banden, die sich im Staat eingenistet haben, müssen aufgelöst werden.

Die Rückkehr der während des Krieges aus ihren Dörfern unter Zwang vertriebenen Bewohner sollte erlaubt werden. Dafür sind die notwendigen administrativen, rechtlichen, wirtschaftlichen und sozialen Maßnahmen zu treffen. Daneben sollte eine Kampagne für wirtschaftliche Entwicklung gestartet und das Wohlstandsniveau der Kurden durch Anreize und andere Maßnahmen gehoben werden.

Es sollte ein Gesetz für gesellschaftlichen Frieden und demokratische Beteiligung verabschiedet werden. Durch dieses Gesetz sollte den Mitgliedern der Guerilla, den Inhaftierten und allen, die ins Exil gehen mussten, ohne Vorbedingungen die Teilnahme am demokratischen, politischen Leben ermöglicht werden.<<[47]

Ausführlicher behandle ich die Problematik der Kurden in dem Buch: *Segen und Opfer der Globalisierung.*[48]

3. Der Ukraine-Konflikt

In Bezug auf die Krim wurde bereits herausgearbeitet, warum eine Rückgabe an die Ukraine als ausgeschlossen anzusehen ist. Da beide Seiten auf ihrer Position bestehen bleiben werden, kann die Lösung nur ein Konsens des Dissenses sein mit der Bereitschaft, dass dieser Dissens die zukünftigen Beziehungen nicht behindern soll.

Die Konflikte über das Donezbecken können nur gelöst werden, wenn die Ukraine sich verpflichtet, nicht Mitglied der Europäischen Union und schon gar nicht der NATO zu werden. Zugleich müsste die Ukraine in eine Art Bundesstaat, wie die Bundesrepublik Deutschland, überführt werden, sodass die einzelnen Regionen ihr kulturelles Eigenleben entfalten können. Wirtschaftlich könnte die Ukraine sich dadurch zu einem Brückenstaat zwischen Ost und West entwickeln.

Die Sicherheit der Ukraine wäre durch eine Garantie der NATO und Russlands zu garantieren. Dann könnten alle Sanktionen Russen gegenüber aufgehoben werden und sich die Wirtschaftsbeziehungen auch gerade zwischen der Ukraine und Russland fruchtbar entwickeln.

Stark behindert wird die Möglichkeit einer Ukrainelösung durch die Ukraine selbst und die baltischen Staaten und Polen. Die baltischen Staaten haben sicherlich noch eine traumatische Erinnerung an ihre Einverleibung in Russland und später die Sowjetunion.

Polen hat sich immer als Konkurrent Russlands verstanden und als der wahre Hort slawischer Tradition. Russland galt als gewalttätige asiatische Macht. Zudem trennen beide Länder ihre Konfession. Die Polen sind überwiegend römisch-katholisch und die Russen orthodox. Entsprechend neigen sie dazu, sich wechselseitig als christliche Häretiker zu bewerten.

Bei dem derzeitigen Führer der regierenden polnischen Partei *PiS Recht und Gerechtigkeit,* Jarosław Aleksander Kaczyński, mit seinem Kult für den beim Flug-

---

[47] Abdullah Öcalan: *Lösungsvorschläge für die kurdische Frage in der Türkei,* 2007,
http://freedom-for-ocalan.com/deutsch/download/vorschlaege-fuer-eine-politische-loesung.pdf.
[48] Uwe Petersen: *Segen und Opfer der Globalisierung. a.a.O.,* S. 159-167.

zeugabsturz in Smolensk getöteten Zwillingsbruder und damaligen Präsidenten Polens, Lech Kaczyński, und der Behauptung, dass dieser Flugzeugabsturz durch Russland initiiert wurde, bekommt die Russophobie geradezu pathologische Züge.

Sollten deswegen die osteuropäischen Länder der Europäischen Union ihre Zustimmung von zusätzlicher Sicherheitsgewährung abhängig machen, dann müsste ihnen diese zugestanden und von Russland akzeptiert werden.

Die USA sind in ihrer Russophobie so extrem, dass ihnen an einem Weiterschwelen der Ukraine-Konflikte sogar gelegen sein kann, gibt es doch die Möglichkeit, die Sanktionen aufrechtzuerhalten, Russland zu schwächen und die USA als alternativer Energielieferant ins Spiel zu bringen. Man beachte Donald Trumps Vorwürfe gegen Deutschland, dass durch Gasbezüge Russland reich gemacht werde.

Aus einer solchen Interessenlage könnten sich die USA mit den osteuropäischen Anrainerländern Russlands verbinden und die Ukraine militärisch aufrüsten und so Europa spalten.

Donald Trump selbst spielt zwar auch mit diesen Optionen. Er ist andererseits jedoch entgegen dem amerikanischen Establishment an einem Ausgleich mit Russland interessiert und könnte, um zu globalen Regelungen zu kommen, gerade auch im Hinblick auf den Nahostkonflikt, auch bereit sein, die Krim zu opfern.

Der Rückzug der USA aus der Weltpolitik bahnte sich schon vor Donald Trump an und wurde von ihm nur radikalisiert. Er zwingt Europa, sich stärker auf Eurasien zu konzentrieren. Dazu müssen die Illusionen überwunden werden, dass

1. in Staaten wie Russland und China die gleichen gesellschaftlichen Normen gelten müssen wie für Europa. Das heißt nicht, dass liberale Gesellschaftsprinzipien nicht immer wieder angemahnt werden sollten. Sie dürfen aber allenfalls bedingt politikbestimmend sein.
2. die Krim wieder ein Teil der Ukrainer wird,
3. Europa sich weiterhin auf den Atomschirm und die militärische Macht der USA verlassen kann. Europa muss deswegen so schnell wie möglich, militärisch unabhängiger werden. Zwar sollte weiterhin Europa alles tun, um Konflikte diplomatisch zu lösen. Aber auch diese Lösungsmöglichkeiten erhöhen sich, wenn Europa auch militärisch stark genug ist.

II. Leitfaden für eine europäische Flüchtlingspolitik

Für alle wahren Menschen ist es unerträglich, wenn Menschen aus ihren Ländern fliehen müssen und auf dem Wege in gesicherte Gebiete verdursten, ertrinken oder durch Gangster ausgeraubt werden oder gar getötet werden. Deshalb ist es selbstverständliche Menschenpflicht, solchen Menschen zu helfen. Eine solche Hilfe kann aber nur soweit gehen, wie die Aufnahme von Flüchtlingen nicht die Aufnahmeländer destabilisiert.

Man mache sich nur einmal klar, welche Ablehnung ein Städter, der in ein Dorf zieht, dort erfahren kann, wenn es ihm nicht gelingt, sich in die Dorfgemeinschaft einzuleben. Man beachte zum Beispiel, welche Gefühle Schwaben gegenüber Berlinern haben oder Schleswig-Holsteiner gegenüber Süddeutschen. Wie viel mehr

Schwierigkeiten macht es dann, dass Menschen aus anderen Ländern, Kulturen und Religionen in einem fremden Land Fuß zu fassen.

Fremdheitsgefühle, die sich bis zu Aggressionen auswachsen können, haben auch die Zuwandernden. Wenn sie nicht vereinzelt kommen und gezwungen sind, um nicht zu vereinsamen, sich in die neue Gesellschaft zu integrieren, bilden Ausländer erfahrungsgemäß Parallelgesellschaften: so Russlanddeutsche, seinerzeit in Russland und heute oft auch in Deutschland, Chinatowns, Türken in Deutschland, um nur wenige Beispiele zu nennen. Am Beispiel der Türken, die bereits mehrere Generationen in Deutschland leben, kann abgelesen werden, wie schwierig die Integration fremder Menschen ist.

Handelt es sich bei den Ausländern um überschaubare Gruppen, dann mögen sich die Gesellschaften darauf einstellen, wie die Deutschen in Russland eigene Gemeinschaften bildeten und mit den Russen zusammenlebten. Kommen sie dagegen in riesigen Scharen, dann wird mehr und mehr die Hilfsbereitschaft in den aufnehmenden Ländern überstrapaziert und bahnen sich Konflikte an. Wie dargestellt ist in Europa sogar die sprichwörtliche Weltoffenheit der Skandinavier an ihre Grenzen gestoßen.

In einer solchen Situation bleibt dann nur eine weitgehende Abschottung. Diese kann nur gelockert werden, wenn und soweit

1. die soziale Unterstützung für weniger Bemittelte im Lande soweit angehoben wird und genügend Wohnraum geschaffen wird, dass in Bezug auf Hilfen für Flüchtlinge kein Sozialneid entsteht.

2. nur solchen Flüchtlingen ein Bleiberecht eingeräumt wird, die die gesellschaftlichen Bedingungen und Verhaltensweisen des Gastlandes auch gegenüber Frauen akzeptieren und die deutsche Sprache lernen.

3. Initiativen zur Integration von Flüchtlingen massiv unterstützt oder geschaffen werden, insbesondere in ländlichen Bezirken.

Nur wenn und soweit es gelingt Flüchtlinge zu integrieren, können sie eine Bereicherung sein und zugleich die Beziehungen zu ihren Heimatländern und deren Weiterentwicklung fördern.

Darüber hinaus sollte natürlich alles getan werden, dass die Lebensbedingungen in den Ursprungsländern der Flüchtlinge verbessert werden und damit die Fluchtursachen entfallen.

Bei einer solchen Politik darf notfalls auf Härte gegen Flüchtlinge nicht verzichtet werden. Zwar sollten, wie beabsichtigt, Auffanglager für Flüchtlinge außerhalb Europas geschaffen werden, in denen berechtigte Asylanten ausgewählt und gefahrlos nach Europa transportiert werden können. Dennoch kann das Risiko von Flüchtlingen, die trotz aller Warnungen und Gefahren nach Europa aufbrechen und dabei umkommen, den Flüchtlingen nicht abgenommen werden. Die Hilfe für Flüchtlinge muss gegen die mögliche Destabilisierung der Heimatländer abgewogen werden.

Solange diese Erkenntnisse von Gutmenschen und Multikulti-Schwärmern, insbesondere bei den Grünen und der Partei der Linken, nicht realisiert werden, braucht es eine AfD, in denen sich die Unzufriedenen artikulieren können. Bei allem Widerstand gegen fremdenfeindliche Tendenzen in der AfD sollte beachtet werden, dass, wenn es die AfD nicht gäbe, noch radikalere und gewaltbereite Gruppen die Gesellschaft destabilisieren würden.

III. Leitfaden für eine europäische Wirtschafts- und Entwicklungspolitik

1. Leitfaden für europäische Außenwirtschaftspolitik

Die wissenschaftliche, technische und wirtschaftliche Entwicklung hat Europa und Nordamerika zu den führenden Ländern der Welt werden lassen. Im Zuge der Globalisierung wurden die westlichen Errungenschaften über die ganze Welt verbreitet. Dabei wurden Produktionsstätten in Entwicklung und Schwellenländer verlagert mit der Folge, dass weniger Qualifizierte im eigenen Land in Konkurrenz zu Arbeitskräften in den Entwicklungsländern kamen und entweder arbeitslos wurden oder relativ zu den qualifizierteren Arbeitskräften verarmten.

Die Vermögens- und Einkommensunterschiede wurden auch dadurch potenziert, dass die Bürger umso mehr sparen konnten, je mehr sie verdienten, dadurch ein Vermögen ansammelten, dass ihnen zusätzliche Kapitaleinkünfte und Grundrenten beschert.

Unter der dadurch zunehmenden Spaltung der Gesellschaft leiden alle Industrieländer. Unter anderem als Folge der Verlagerung von Produktionsbetrieben in Billiglohnländer haben die USA und das Vereinigte Königreich einen chronischen Importüberschuss zu beklagen. Weggefallene attraktive Arbeitsplätze für weniger Qualifizierte, deren sozialer Abstieg und die Verschärfung ihrer sozialen Not und Überfremdung durch Flüchtlingsströme hat in allen Industrieländern eher rechtsradikale Strömungen entstehen lassen.

Donald Trumps Forderung, traditionelle Fertigungen durch hohe Zölle wieder in den USA wettbewerbsfähig zu machen und so soziale Spannungen im eigenen Land abzubauen, ist daher verständlich. Denn der durch Außenwirtschaftsbarrieren bedingte Bedarf an weniger qualifizierten Arbeitskräften erhöht die Nachfrage nach Arbeitskräften und stärkt die Gewerkschaften, sodass diese eher höhere Löhne durchsetzen können und die Produktionsfortschritte und Rationalisierungen nicht mehr allein den Kapitaleignern und Unternehmen und höher Qualifizierten zufließen.

Als Folge der Autarkiebestrebungen nimmt der internationale Handelsaustausch natürlich ab und erhöhen sich die Lohnkosten. Das wirtschaftliche Wachstum braucht aber, noch begünstigt durch die Möglichkeiten der fraktalen kombinierten Herstellung aller Teile an einem Ort, nicht geringer zu wachsen, vorausgesetzt der durch Zollschranken begrenzte Markt ist genügend groß. Deswegen ist für die USA durch höhere Zollgrenzen und das Zurückholen traditioneller Fertigungsbetriebe eher ein größeres Wachstum zu erwarten. Alle namhaften Firmen werden interessiert sein, in den USA vertreten zu sein und dort für den US-Markt zu produzieren. Wegen der voraussichtlich höheren Löhne wird auch die Kaufkraft größer sein.

Natürlich ist im Übergang von der gegenwärtigen liberalisierten Weltwirtschaft zur Autarkie zunächst mit Rückschlägen zu rechnen. So werden selbstverständlich auch amerikanische Firmen nicht mehr so viel ins Ausland exportieren und eher im Ausland Produktionsstätten errichten müssen, weil dort als Antwort auf die amerikanischen Autarkiebestrebungen auch entsprechende Außenhandelsbarrieren hochgezogen werden.

Die Unternehmen und Kapitaleigner müssen natürlich mit einer kostenträchtigen Umorganisation ihres über alle Länder verstreuten Produktionsnetzes und mit tendenziell höher Lohnkosten rechnen und laufen deswegen gegen diese Autarkiebestrebungen Sturm mit dem Argument, dass freier Handel den allgemeinen Wohlstand erhöht. Aber das Illusionäre dieser These wurde bereits dargelegt.

Wegen des Widerstands der Wirtschaft und der nach wie vor das Denken beherrschenden Illusion von den politischen Vorteilen eines möglichst freien Welthandels wird vom internationalen politischen Establishment jedoch an dieser neoliberalen Illusion festgehalten. Zwar werden die Exportüberschüsse Deutschlands, Chinas und Japans als die Weltwirtschaft schädigend hin und wieder an den Pranger gestellt. Aber ohne einen Trump würde sich nichts ändern. Dabei ist der Zustand der Weltwirtschaft auch wegen dieser Außenhandelsungleichheiten extrem besorgniserregend und labil. Man stelle sich nur einmal vor, wie in der nächsten Wirtschaftskrise wegen des großen deutschen Exportüberschusses insbesondere in Deutschland der Arbeitsmarkt zusammenbrechen wird!

Zwar hofft alle Welt darauf, dass Donald Trump zur „wirtschaftlichen Vernunft" zurückkehrt. Die Wahrscheinlichkeit dazu ist aber sehr gering und, wenn er in Einzelfällen nachgeben sollte, dann bleibt seine Politik für alle übrigen Länder dennoch ein riesiger Unsicherheitsfaktor, auf die eine solide Politik nicht bauen kann.

Auch spätere US-Präsidenten werden allenfalls in einem geringen Umfang zu der bisherigen liberalen Weltwirtschaftspolitik zurückkehren. Denn, je länger sich Donald Trumps Wirtschaftspolitik ausgewirkt hat, umso mehr zeigen sich die Vorteile in Bezug auf zusätzliche Arbeitsplätze in Industriebetrieben, höhere Löhne und eine höhere Binnenkaufkraft.

Es darf nicht übersehen werden, dass die USA ein so großer Binnenmarkt sind, dass genügend Massenproduktion auch in den USA selbst möglich ist und durch technischen Fortschritt komplexe Produktion an einem Standort immer mehr möglich wird. Außerdem werden auch die amerikanischen Unternehmer durch die eingeschränkten Exportmöglichkeiten aufgrund der Importbarrieren der anderen Länder dort Fertigungsbetriebe errichten und so an der Wirtschaftsentwicklung in anderen Ländern mitverdienen.

Wenn man den offiziellen Verlautbarungen Glauben schenken darf, dann befinden sich die Industrieländer noch in einem Aufschwung. Dank Donald Trump hat sich das Wirtschaftswachstum in den USA noch einmal beschleunigt[49]. Lediglich die Staaten mit keiner oder ungesunden Wirtschaftsentwicklung, insbesondere wenn sie noch verstärkt wurde durch Sanktionen von Donald Trump wie der Iran, Russland, die Türkei, erleiden Wachstumseinbrüche, Inflation und Währungsverfall. Dennoch weiß jeder, dass die die weltwirtschaftliche Entwicklung heute geradezu ein Tanz

---

[49]https://de.statista.com/statistik/daten/studie/14558/umfrage/wachstum-des-ruttoinlandsprodukts-in-den-usa/

auf dem Vulkan ist. Dabei sorgen die internationalen Verflechtungen dazu, dass Einbrüche die anderen Länder stark in Mitleidenschaft ziehen können.

Deswegen können Gegenmaßnahmen gegen die Politik Donald Trumps nach dem Motto, was schadet Amerika am meisten, nur die internationalen Beziehungen zusätzlich verwirren. Auch wäre es unsolidarisch gegenüber anderen, ebenfalls durch amerikanische Sanktionen betroffenen Ländern, wenn Europa Sonderkonditionen mit den USA aushandeln wollte, zumal dadurch auch die ganze WTO-Ordnung der Meistbegünstigung gestört werden könnte. Es muss einfach zur Kenntnis genommen werden, dass die Weltwirtschaftsbeziehungen sich ändern.

Gegen eine zu enge internationale Verflechtung hat es aus guten Gründen schon länger Demonstrationen gegeben und wurde beispielsweise das große atlantische Abkommen TTIP zu Fall gebracht. Donald Trump hat die Dinge nur auf die Spitze getrieben und erzwingt damit ein Neudurchdenken der internationalen Wirtschaftsbeziehungen.

Bei Produkten, für die bestimmte Länder besonders potent sind, wie die Maschinenindustrie in Deutschland, werden ohnehin entweder keine Zölle erhoben oder die Zölle bezahlt, ohne dass dadurch die Unternehmen gefährdet werden. Insofern bedeuten die Autarkiebestrebungen keinesfalls einen völligen Zusammenbruch des internationalen Handels.

Anstatt dem schwindenden Handelsaustausch nachzutrauern, sollte Europa die sich aus einer größeren Autarkie ergebenen Möglichkeiten ebenfalls nutzen. Auch in Europa sollten die Zollsätze soweit angehoben werden, dass weniger qualifizierte Arbeitskräfte Arbeit in der Industrie finden und die süd- und osteuropäischen Länder als alternative Standorte für Massenproduktion und Lohnfertigung interessanter werden und dadurch der europäische Binnenhandel gefördert wird.

Eine Autarkiepolitik zwingt auch dazu, dass beispielsweise die Stahlproduktion auf den eigenen Marktbedarf abgestimmt wird, und nicht, wie heute, China die Welt mit Stahlprodukten überschwemmen kann.

Deutschland tut sich besonders schwer, vom neoliberalen Ideal des immer weiter liberalisierten Weltmarktes Abschied zu nehmen, weil es davon zurzeit besonders profitiert. Deutschlands Stärke liegt in der Herstellung von hochwertigen Industrieanlagen und Kraftfahrzeugen, die in aller Welt nachgefragt werden.

Aber betrachten wir einmal die Zukunftsperspektiven der deutschen Autoindustrie. Mit Abgasbetrügereien hat die deutsche Autoindustrie viel zu lange die Produktion von Dieselfahrzeugen aufrechterhalten können und muss mit einem Zusammenbruch des Marktes rechnen. Wenn es ihr nicht gelingt, ihren Rückstand in Bezug auf Elektro- und hybride Fahrzeuge aufzuholen, ist die Existenz der deutschen Autoindustrie sogar gefährdet.

Die technologische Aufholjagd Chinas wird es zudem der deutschen Industrie immer schwerer machen, ihre Vorzugsstellung zu halten. Außerdem bringt die Konzentration der Kommunikationstechnologie und die daraus ableitbare Logistik und Handelsaktivitäten in den USA die Produktionsunternehmen immer mehr in die Abhängigkeit großer Internet-Handelsfirmen. Deswegen wird es sich als notwendig erweisen, dem Beispiel Chinas zu folgen und eigene europäische Internet-Handelsplattformen zu fördern.

Auch in Europa wird durch die Einschränkung der Arbeitsplatzkonkurrenz der Industriearbeiter und weniger qualifizierter Dienstleistungen mit Arbeitskräften aus Entwicklungsländern das allgemeine Lohnniveau steigen, mit der Folge, dass die europäische Binnennachfrage steigt und die volkswirtschaftliche Sparrate sinkt. Damit verringert sich die Notwendigkeit von Exportüberschüssen in Deutschland, durch die fehlende Nachfrage bisher ins Ausland verlagert wurde.

Der europäische Markt ist wie der der USA groß genug, um alle notwendigen Produkte in Europa herstellen zu können.

2. Leitfaden für eine europäische Regionalpolitik

So wie die unterschiedlichen Einkommen die Einkommensverhältnisse immer ungleicher werden lassen, weil die Vermögenden mehr sparen können, als die unteren Einkommensschichten und dies nicht zuletzt aufgrund ihrer zusätzlichen Kapitaleinkommen und die Volkswirtschaften dazu tendieren, dass sich die Industrie in Industriestädten ballt und das weite Land relativ verarmt, so werden auch die einzelnen Volkswirtschaften in einer Wirtschaftsunion sich unterschiedlich entwickeln.

Sind sie zu einer Währungsunion zusammengeschlossen, dann wirkt sich die unterschiedlich starke Entwicklung der einzelnen Länder auch auf den gemeinsamen Währungskurs aus. Im Falle Europas bedeutet das, dass die Exportüberschüsse Deutschlands den Eurokurs hochtreiben mit der Folge, dass die schwächeren Länder ihre Produkte schwerer exportieren können und auch innerhalb der Eurozone durch die relativ billigeren Importe aufgrund des hohen Wechselkurses in die anderen Mitgliedsländer behindert sind.

Deswegen ist es unbedingt erforderlich, dass gezielt die Wirtschaft in den zurückgebliebenen Ländern gestärkt wird und, solange und soweit das nicht erreicht ist, Ausgleichzahlungen von den stärkeren in die schwächeren Länder fließen entsprechend dem Finanzausgleich innerhalb Deutschlands.

Natürlich kann die Zustimmung der reicheren Länder zu einem solchen möglicherweise vielfältigen Unterstützungstransfer nur erwartet werden, wenn verbindlich gesichert werden kann, dass die Mitgliedstaaten sich an die Vorgaben halten und innerhalb der Eurozone das Stimmrecht der Länder mit der Einwohnerzahl der einzelnen Länder gewichtet wird. Es müssten auch zentrale Institutionen innerhalb der Eurozone geschaffen werden, die Wirtschaftsförderungsmaßnahmen für die zurückgebliebenen Länder gewähren und auch in eigener Regie kontrollieren.

Könnten sich die Länder der Eurozone auf eine solche verstärkte Zusammenarbeit einigen, dann könnte dadurch das Interesse der noch nicht zur Eurozone gehörenden europäischen Länder gestärkt werden, ihr beizutreten, und dadurch das Gewicht des Euro in der Welt erhöht werden.

Zusätzlich müsste gewährleistet werden, dass die weniger qualifizierten Beschäftigten, insbesondere in den weniger entwickelten Ländern Europas, vor Konkurrenz aus Billiglohnländern geschützt werden, damit sie einen der Eurozone angemessenen Lohn verdienen können, wie es auch bereits für die Landwirtschaft Gang und Gäbe ist.

3. Leitfaden für eine europäische Steuer- und Finanzpolitik

Aufgrund der immer ungleicher werdenden Vermögens- und Einkommensverteilung – das wird schon allein durch die zusätzlichen Kapitaleinkünfte der Vermögenden bewirkt – besteht eine latente Nachfragelücke, weil das volkswirtschaftliche Sparvolumen höher ist, als die Nachfrage nach Gütern und Dienstleistungen. Um diese auszugleichen, sollten die Steuern und Abgaben für die Vermögenden erhöht werden. Das kann am Einfachsten dadurch bewirkt werden, dass alle Einkommen zur Finanzierung der Renten und Krankenversicherung, – und zwar entsprechend der Leistungsfähigkeit – herangezogen werden und die Renten und Krankenversicherung nicht nur von den Lohnabhängigen und Arbeitgebern zu tragen sind. Gerade im Zuge der immer weitergehenden Rationalisierung, nicht zuletzt durch Digitalisierung und Roboterarisierung der Produktion und Dienstleistungen, können sich immer mehr Unternehmen von der Zahlung von Sozialabgaben verabschieden. Auch Bezieher von Einkommen aus Kapitalerträgen und Mieten werden bisher nicht zur Finanzierung der Sozialversicherungen herangezogen.[50]

Steuerlich werden die Wirtschaftsabläufe am wenigsten beeinträchtigt bei der Erbschaftssteuer. Deswegen sollten diese stark erhöht werden, natürlich mit ausreichenden Freibeträgen, insbesondere für kleine und mittlere Familienunternehmen. Auch kann die Abzahlung von Erbschaftssteuern gestreckt werden, so dass sie aus laufenden Gewinnen abgezahlt werden können.

Wenn aufgrund von autarken Märkten, wie USA, Europa, Russland, China und anderen regionalen Zusammenschlüssen, die Unternehmen gezwungen sind, in jeder Region zu produzieren, dann schwindet auch die Möglichkeit, dass Staaten durch Steuersenkungen die übrigen Staaten zwingen können, ebenfalls die Steuern für Unternehmen und Kapitalgeber zu senken. Dann könnten innerhalb Europas einheitliche Steuern eher durchgesetzt werden, die natürlich einvernehmlich für schwächere Regionen modifiziert werden sollten.

Höhere Einkommensschichten könnten höher besteuert werden und die notwendigen öffentlichen Ausgaben für Infrastruktur, Soziales, Entwicklungshilfe, Sicherheit und Forschung und Entwicklung steigen.

In Deutschland würde dadurch voraussichtlich auch die Nachfrage nach Leistungen aus anderen europäischen Ländern erhöht und damit der Außenhandelsbilanz Überschuss verringert.

4. Leitfaden für eine europäische Geldpolitik

Es wurde dargelegt, dass Geldvermehrung deswegen nicht automatisch zur Inflation führt, weil Unternehmen und Private auch in Liquidität investieren, und zwar insbesondere in unübersichtlichen Zeiten oder aus spekulativen Gründen. Deshalb nimmt

---

[50] Zu weiteren Möglichkeiten, höhere Einkommensbeziehungen zur solidarischen Mitfinanzierung von Gemeinschaftsaufgaben heranzuziehen, siehe: Uwe Petersen: *Segen und Fluch der Globalisierung. ...*, Verlage tredition GmbH Hamburg ISBN 978-3-7439-5344-4 und CreateSpace ISBN 13:978-1934992727, S. 226 ff.

die Liquiditätshaltung in dem Maße zu, wie Kapitalmarktspiele an Bedeutung gewinnen. Wenn man bedenkt, dass heute nur noch ein Bruchteil der weltweiten Zahlungsvorgänge für realwirtschaftliche Käufe und Verkäufe getätigt werden und alle anderen Zahlungsvorgänge den Kapitalmarktspielen dienen, wird verständlich, warum die Geldmenge steigen kann, ohne dass es zu einer Inflation kommt bzw. die Inflation nur auf dem Kapitalmarkt stattfindet und die Aktienkurse, Immobilien und andere Güter im Wert steigen lässt. Denn neues Geld erhalten nur Leute, die dafür Sicherheiten bieten können, und somit nur Vermögende. Auf dem realwirtschaftlichen Markt entsteht demnach Inflation nur dann, wenn Kaufwillige – und das sind insbesondere untere Einkommensbezieher – das zusätzliche Geld erhalten und dann aufgrund steigender Nachfrage auch Investitionen getätigt werden.

Diese, der traditionellen Wirtschaftstheorie widersprechende Erkenntnis hat es den Zentralbanken ermöglicht, riesige Geldmengen in den Markt zu pumpen, um, wie es ihr Ziel ist, Investitionen anzukurbeln und möglichst eine Inflationsrate von 2 % zu erreichen, weil diese als ein Zeichen einer florierenden Wirtschaft gelten soll.

Befeuert wurden durch diese Geldmengen jedoch primär Kapitalmarktspiele und, nur soweit daraus überschüssige Gewinne zu Konsum und Investitionsausgaben führten, wurde die volkswirtschaftliche Nachfrage belebt. Größere realwirtschaftlich Impulse wurden durch die Geldmengenvergrößerung nur dann erreicht, wenn sie, wie in den USA, per Schuldenaufnahme zur Finanzierung von zusätzlichen Staatsausgaben genutzt wurde.

Die so immer weiterwachsende Staatsverschuldung wird jedoch zu Recht als ein Übel angesehen. Sie kann zu Staatsbankrotten führen und damit die gesamte Weltwirtschaft in den Abgrund reißen.

Ein besseres Verständnis für das Wesen des Geldes würde diese Gefahr jedoch beseitigen. Denn wenn Geld nicht mehr als eine Schuld der Nationalbank – und damit letztlich des Staates – sondern als ein vom Staat geschaffenes notwendiges Produkt zur Ermöglichung von Zahlungsvorgängen verstanden würde, dann würde in Höhe der Geldschöpfung das Bruttoinlandsprodukt erhöht und stände dem Staat der Gegenwert der Geldschöpfung für Ausgaben zur Verfügung, wie es die Voll-Geldinitiative durchzusetzen versucht.

Die Zentralbanken bilanzieren bisher herausgegebenes Geld als Verbindlichkeiten. Würde Geld als ihr Produkt anerkannt, dann würde sie in Höhe der für das umlaufende Geld ausgewiesenen Verbindlichkeiten den Staaten Guthaben zu schreiben, die dann aber kommt um die Staatsverschuldung zurückzuführen, nur für fällige Staatspapiere oder deren Rückkauf verwendet werden sollten. Die in ihrem Portfolio befindlichen europäischen Staatsanleihen die Europäische Zentralbank streichen.

Die Überwindung der Illusion, dass Geld als Schuldscheine der Notenbank seien und nicht Produkt der Notenbank (als nachgeordneter Institution der Staaten) zur Ermöglichung von Zahlungsvorgängen, würde die Staatsschulden und somit die Gefahr von Staatsbankrotts drastisch reduzieren.

C. Zusammenfassung

Die Nachkriegsordnung mit den USA als Führungsmacht und gesellschaftlicher Wertgeber wird für sakrosankt gehalten. Bestehende Grenzen und Einflusszonen dürfen nicht verschoben werden. Deshalb ist die Einverleibung der Krim nach Russland ein Tabu. Von westlicher Seite wurde dieses Prinzip allerdings dann nicht beachtet, wenn es den Westens stärkte, wie die Abtrennung des Kosovo von Serbien und die Ausdehnung der EU und der NATO nach Osteuropa oder früher der Sturz Mossadeghs im Iran, Saddam Husseins im Irak oder Gaddafis in Libyen.

Die westliche Nachkriegsordnung ist weitgehend gescheitert, nicht zuletzt an dem Wiedererstarken Russlands und dem Aufstieg Chinas zur Weltmacht. Soll der Weltfrieden nicht gefährdet werden, dann müssen die Illusionen, dass die westliche Demokratie und Gesellschaftsordnung sich überall verwirklichen lassen und Russland die Krim an die Ukraine zurückgibt, aufgegeben werden.

Das wirtschaftliche Zurückbleiben der Entwicklungsländer und der islamische Widerstand gegen die westliche Säkularisierung der Gesellschaft und die daraus entstandenen Konflikte haben riesige Flüchtlingsströme in Bewegung gesetzt, die den gesellschaftlichen Frieden auch in Industrieländern gefährden.

Die liberale Marktwirtschaft, der wir den volkswirtschaftlichen Fortschritt zu verdanken haben, hat sich pervertiert in einen Kasinokapitalismus, der durch eine ständige Ausdehnung der Geldmenge vor einem Zusammenbruch bewahrt wird.

Wirtschaftliches Wachstum bedeutet in den Industrieländern nur noch zusätzliche Einkommen für Kapitaleigner, Unternehmer und Höherqualifizierte. Die Vermögens- und Einkommensverteilung verschiebt sich immer mehr zu Gunsten weniger. Die „Abgehängten" müssen durch zusätzliche soziale Leistungen unterstützt werden.

Obwohl sich die herrschenden Lehren des Neoliberalismus mehr und mehr als Illusionen erweisen, hält das Establishment an ihnen fest und propagiert sie als alternativlos.

Die wirtschaftlichen und gesellschaftlichen Spannungen, verstärkt durch den Zustrom von Flüchtlingen, haben ein Ausmaß erreicht, dass die Verlautbarungen der etablierten Mächte und Parteien von der Bevölkerung so sehr als Lügen empfunden werden, dass immer mehr Bürger selbst eine Änderung auch nur noch von *Lügenprinzen* erwarten, die *alternative Fakten* schaffen. Entsprechend wurde der Präsident der USA vom Führer der westlichen Wertegemeinschaft zum führenden „Lügenprinzen".

Das weltweite Establishment ist entsetzt und verzweifelt bemüht, Donald Trump von seinen politischen Destabilisierungsmaßnahmen abzuhalten. Stattdessen sollte jedoch vielmehr auch darauf gesehen werden, wie durch Donald Trump die wirtschafts- und gesellschaftspolitischen Illusionen zerstört werden und damit der Weg frei wird für neue wirtschaftliche und gesellschaftliche Initiativen.

Die USA sind ein riesiger Markt, der dank Donald Trump zunehmend autarker wird. Als Reaktion darauf müssen sich die anderen Länder und somit auch Europa auch zu autarken Wirtschaftszonen zusammenschließen, die von den Wirren des Weltmarkts und Erpressungen aus den USA unabhängiger werden.

In dem Maße, in dem sich die USA aus der Weltpolitik und damit auch aus Europa zurückziehen, verliert die atlantische Gemeinschaft an Bedeutung und wird Europa gezwungen, sich stärker nach Osten zu orientieren. Europa sollte sich beteiligen an dem von China initiierten Projekt „Wiederbelebung der Seidenstraße", zumal dieses Projekt für alle eurasischen Staaten eine zugleich friedensfördernde wirtschaftliche Belebung verspricht.

Durch eine stärkere Abkoppelung vom Weltmarkt wird zugleich die Möglichkeit eröffnet, den Wettbewerb zwischen den Ländern um immer niedrigere Steuern für Unternehmen und Vermögende zu beenden. Mit den dadurch möglichen höheren Steuern und Abgaben für Vermögende können die immer ungleicher werdende Vermögens- und Einkommensverteilung verringert und die notwendigen Ausgaben für Infrastruktur, Forschung und Entwicklung, Sicherheit, Soziales und Entwicklungshilfe finanziert und so Wirtschaft und Gesellschaft stabilisiert werden.

Die Überwindung der Geldillusion und Anerkennung des Geldes als staatliches Produkt zur Bewältigung des Zahlungsverkehrs würde zudem die Verschuldung der Staaten erheblich vermindern.

Der Autor

Uwe Petersen, geboren 1932, studierte Sozialwissenschaften und machte 1956 das Diplom-Volkswirt-Examen in Heidelberg. Nach einem anschließenden Studium der Philosophie und des Völkerrechts promovierte er 1964 in Heidelberg bei Hans-Georg Gadamer (Korreferent Jürgen Habermas) zum Dr. phil. mit der Dissertation *Das Verhältnis von Theorie und Praxis in der Transzendentalen Phänomenologie Edmund Husserls*. Ab 1965 war er in verschiedenen Wirtschaftskonzernen und danach in der Wirtschaftsförderung und der strategischen Unternehmensberatung tätig und ist Mitgründer von Wirtschaftsförderungsgesellschaften. Seit 1998 beschäftigt er sich schwerpunktmäßig mit handlungsphilosophischen Themen.

Bisherige Veröffentlichungen:

Das Verhältnis von Theorie und Praxis in der Transzendentalen Phänomenologie Edmund Husserls, Dissertation Heidelberg 1964

Ost-West-Kooperation- Möglichkeiten und Grenzen, Rissener Studien, Eigenverlag HAUS RISSEN, Institut für Politik und Wirtschaft 1974

Arbeitslosigkeit unser Schicksal - Wirtschaftspolitik in der Stagflation Peter Lang Verlag, Frankfurt/M. 1985

Finanzmittelplanung in: "Unternehmensgründung, Handbuch des Gründungsmanagements", Verlag Franz Vahlen, München 1990

Finanzmittelplanung, in "Gründungsplanung und Gründungsfinanzierung", Beck-Wirtschaftsberater im dtv, 1991,
2. völlig überarbeitete Auflage 1995, Finanzbedarfs- und Finanzierungsplanung in 3. Auflage 2000.

Das Böse in uns. Phänomenologie und Genealogie des Bösen novum Verlag Horitschon-Wien-München 2005.

The Evil in us Phenomenology an Genealogy of Evil, novum pro Verlag 2014

Raum, Zeit, Fortschritt. Kategorien des Handelns und der Globalisierung novum Verlag, Horitschon-Wien-München 2006.

Das Verhältnis von Theorie und Praxis in der Transzendentalen Phänomenologie Edmund Husserls, Neudruck der Heidelberger Dissertation mit einem Nachtrag:

Husserl als Handlungsphilosoph, Philosophische Reihe
Hg. J. Heil, Turnshare Ltd. London 2007.

Kreativität und Willensfreiheit im Zwielicht sinnlicher Erfahrung und theoretische Leugnung, Königshausen& Neumann, Würzburg 2007.

Religionsphilosophie der Naturwissenschaften, Philosophische Reihe
Hg. J. Heil, Turnshare Ltd. London 2007.

Sprache als wissenschaftlicher Gegenstand, philosophisches Phänomen und Tat, Königshausen& Neumann, Würzburg 2008.

Philosophie der Psychologie, Psychogenealogie und Psychotherapie. Ein Leitfaden für Philosophische Praxis, Verlag Dr. Kovač 2010

Wirtschaftsethik und Wirtschaftspolitik. Zur Lösung der globalen Wirtschaftskrise. Von der liberalen zur sozialliberalen Wirtschaftsordnung,
Verlag Dr. Kovač 2010

Anthropologie und Handlungsphilosophie, Verlag Dr. Kovač 2011

Unkonventionelle Betrachtungsweisen zur Wirtschaftskrise. Von Haien, Heuschrecken und anderem Getier, Peter Lang Verlag 2011

Unkonventionelle Betrachtungsweisen zur Wirtschaftskrise II. Krankheiten des Wirtschaftssystems und Möglichkeiten und Grenzen ihrer Heilung.
Peter Lang Verlag 2011

Unkonventionelle Betrachtungsweisen zur Wirtschaftskrise III. Was ist zur Lösung der Krise zu tun? Peter Lang Verlag 2012

Unconventional Consideration Manners of the Economic Crisis III. What is to be done for the solution of the crisis? Peter Lang Verlag 2013

Im Anfang war die Tat I. Die Geburt des Willens in der Europäischen Philosophie
Im Anfang war die Tat II. Vom Willen zur Tat   Verlag
Dr. Kovač 2012

Säkulare Stagnation unser Schicksal? Grenzen der angebotsorientierten Wirtschaftspolitik, 2014. ISBN 978-15009497554

Are we Doomed to Secular Stagnation? Limitations of Supply-Side Economic Policies, 2014, ISBN 978-1503319103

Segen und Opfer der Globalisierung. Wirtschaftliche und gesellschaftliche Entwicklung, relative Verarmung, Arbeitslosigkeit, Wirtschaftskrisen, Links- und Rechtsradikalismus, Religionskriege, Flüchtlingsströme und die Verantwortung Europas 2017, ISBN 978-3-7439-5344-4

Blessing and Victims of Globalization. Economic social development, unemployment, economic crises, right-wing and left-wing radicalism, religious wars and the responsibility of Europe, 2018, ISBN 978-1983773297

Bénédictions et Victimes de la Mondialisation, Développement économique et social, Appauvrissement relatif, chômage, crises économiques, radicalisme de gauche et de droite, guerres de religions, flux de réfugiés et la responsabilité européenne, 2018, ISBN 978-1983962998 www.philosope.de

Zeitfracht Medien GmbH
Ferdinand-Jühlke-Straße 7
99095 Erfurt, Deutschland
produktsicherheit@kolibri360.de